KB273689

초역,
괴테의 문장들

Ohne Hast, aber ohne Rast

서두름 없이, 그러나 쉼 없이

초역,
괴테의 문장들

요한 볼프강 폰 괴테 지음 / 민유하 편역

A Collection of Goethe's Words

Ohne Hast, aber ohne Rast

서두름 없이, 그러나 쉼 없이

리프레시

[프롤로그]

요한 볼프강 폰 괴테. 우리는 그를 대문호라고 부르지만, 사실 그는 '작가'라는 좁은 틀에만 가두기엔 너무나 거대한 인물이었습니다.

그는 바이마르 공국의 재상으로 복잡한 나랏일을 돌보던 노련한 행정가였고, 인간의 뼈와 식물의 구조를 연구하던 집요한 과학자였으며, 색채의 신비를 탐구하던 화가였습니다. 또한, 죽는 순간까지 뜨겁게 사랑했던 로맨티스트이자, 험준한 알프스 산맥을 넘나들던 모험가이기도 했습니다.

83년의 생애 동안 그는 누구보다 치열하게 일했고, 깊게 사랑했으며, 끊임없이 방황했고, 끝내 성장했습니다. 그가 남긴 문장들이 200년이라는 긴 시간을 뛰어넘어 여전히 우리의 심장을 뛰게 하는 이유는, 그것이 책상 머리에서 나온 공허한 이론이 아니라, 온몸으로 세상과 부딪히며 살아낸 '삶의 육성'이기 때문입니다.

우리는 지금 길을 잃기 쉬운 시대를 살고 있습니다. '열심히'

는 살고 있는데 '잘' 살고 있는지 의문이 들 때, 관계에 지쳐 마음의 문을 닫고 싶을 때, 실패가 두려워 첫발을 떼지 못할 때… 우리는 나침반이 되어줄 거인의 어깨를 필요로 합니다.

이때 괴테는 우리에게 다가와 조용히, 그러나 단호하게 말합니다. "서두름 없이, 그러나 쉼 없이 가라." "감정은 느끼는 것이고, 사랑은 행하는 것이다." "너 자신을 믿는 순간, 어떻게 살아야 할지 알게 된다."

이 책《초역, 괴테의 문장들》은 괴테가 남긴 희곡, 소설, 시, 서신, 그리고 대담집에 이르기까지 그 방대한 저작의 숲에서, 오늘날 우리에게 가장 필요한 120개의 문장을 엄선하여 엮은 것입니다.

특별히 이번 책에서는 괴테의 숨결을 온전히 느낄 수 있도록 괴테 시대의 표기법을 따른 '독일어 원문'을 함께 실었습니다. 비록 독일어를 모르더라도 상관없습니다. 한글 번역 옆에 나란히 놓인 독일어 문장을 그저 눈으로 훑거나 소리 내어 읽어보십시오. 괴테가 펜을 들어 종이 위에 꾹꾹 눌러 썼던 그 단어, 그 호흡, 그 에너지가 고스란히 당신에게 전해질 것입니다. 원문을 통해 독자 여러분은 번역 너머에 있는 괴테의 진짜 목소리와 더 깊이 만날 수 있을 것입니다.

또한, 각 문장 뒤에는 현대인의 언어로 다시 쓴 'Editor's Note'를 덧붙였습니다. 200년 전 괴테의 지혜가 박제된 명언이 아니라, 지금 당장 나의 고민을 해결해 줄 살아있는 조언으로 다가올 수 있도록 친절한 안내를 돕고자 했습니다.

이 책을 처음부터 끝까지 정독할 필요는 없습니다. 침대 머리맡이나 사무실 책상 한구석에 두었다가, 마음이 소란한 날, 혹은 누군가의 단단한 응원이 필요한 날, 아무 페이지나 펼쳐보십시오.

우연히 마주친 그 문장이 당신의 흔들리는 어깨를 잡아주고, 흐릿했던 시야를 맑게 닦아줄 것입니다. 부디 이 책에서 당신의 삶을 지탱해 줄 단 한 문장을 만나시기를 바랍니다.

[목 차]

3장. 서로의 궤도를 존중하는 마음 (관계와 사랑)

"세상이 너를 어떻게 평가하든,

너는 그저 너 자신이 되어라."

1장

나를 잃지 않고 살아가는 법

(자존과 태도)

자신을 극복하는 자가
진정으로 자유롭다

"모든 존재를 옭아매는 힘으로부터
자신을 해방시키는 것은
오직 자기 자신을 극복하는 인간이다.

Von der Gewalt, die alle Wesen bindet,
Befreit der Mensch sich, der sich überwindet.

— 시 《비밀 (Die Geheimnisse)》 중

[Editor's Note]

이 문장은 괴테의 서사시 《비밀》의 핵심 구절입니다. 원문에서 괴테는 우리를 옥죄는 세상의 압력을 'Gewalt'로, 이를 이겨내는 열쇠인 자기극복을 'sich überwindet'으로 정의했습니다. 남을 이기는 힘이 아니라, 나를 넘어서는 힘만이 우리를 구원한다는 뜻입니다.

우리는 타인의 마음이나 다가올 미래처럼 통제할 수 없는 것들에 매달려 불안해하곤 합니다. 하지만 세상은 내 뜻대로 움직이지 않습니다. 우리가 어찌할 수 있는 것은 오직 그 세상을 대하는 '나의 태도'뿐입니다.

아침에 일찍 일어나는 것, 화나는 순간 침묵하는 것. 이런 사소한 '자기 극복'들이 쌓여 단단한 자존감이 됩니다. 오늘, 세상과 싸우기보다 내 안의 나태함과 싸워 이기는 작은 승리를 맛보십시오. 그 승리감이 당신을 자유롭게 할 것입니다.

남과 같아지려 하지 말고
오직 최고와 같아지려 하라

"그 누구도 남과 똑같아지려 하지 마라.
하지만 누구나 최고가 되도록 노력하라.

그것을 어떻게 이룰 수 있는가?
저마다 자기 안에서 온전히 완성하면 된다."

Gleich sei keiner dem andern;

Doch gleich sei jeder dem Höchsten.

Wie das zu machen?

Es sei jeder vollendet in sich.

— 시 《사계 (Vier Jahreszeiten)》 중

이 페이지의 독일어 원문은 괴테가 시집 《사계》에서 남긴 유명한 구절입니다. 직역하면 이런 뜻입니다.

"아무도 남과 같아지려 하지 마라. 하지만 누구나 최고를 지향하라. 어떻게 그럴 수 있는가? 각자가 자기 안에서 완성되면 된다."

괴테의 이 단호하고 철학적인 메시지는 후대에 전해지며 "장미는 해바라기를 부러워하지 않는다"는 아름다운 꽃의 비유로 재탄생하여 널리 사랑받고 있습니다.

표현은 부드러워졌지만 본질은 같습니다. 장미가 해바라기의 키를 부러워하지 않듯, 당신도 타인의 삶을 곁눈질할 필요가 없다는 것입니다. 진정한 최고란 남을 이기는 것이 아니라, 내 안의 씨앗을 온전히 꽃피워내는 것, 즉 '자기 완성'이기 때문입니다.

재능은

고요함 속에서 길러진다

"재능은 고요함 속에서 길러지고,
인격은 세상의 거친 파도 속에서 형성된다."

Es bildet ein Talent sich in der Stille,

Sich ein Charakter in dem Strom der Welt.

— 희곡 《토르콰토 타소 (Torquato Tasso)》 중

이 문장은 희곡 《토르콰토 타소》의 명대사입니다. 원문에서 괴테는 절대적인 고요함을 'Stille'로, 쉼 없이 흐르는 세상의 급류를 'Strom'으로 대비시켰습니다. 재능은 침묵 속에서 깊어지고, 인격은 거친 물살 속에서 다듬어진다는 뜻입니다.

우리는 종종 반대로 행동합니다. 내면을 채워야 할 때는 소음을 찾고, 세상과 부딪쳐야 할 때는 상처가 두려워 숨어버리곤 합니다. 하지만 고독 없는 성취는 얄팍하고, 풍파를 겪지 않은 인격은 유약할 뿐입니다.

탁월해지고 싶다면 문을 닫고 철저히 혼자가 되십시오. 반대로 어른이 되고 싶다면 문을 열고 파도 속으로 뛰어드십시오. 고요함 속에서 나를 갈고 닦고, 세상 속에서 나를 증명하는 것. 이 두 가지 리듬을 타는 것이 성장의 비결입니다.

칭찬과 비난,
그 소란스러움을 대하는 법

"수많은 사람들이 칭찬하고 비난하지만,
나는 그 모든 것을 항상 똑같은 것으로 여긴다.

그들은 나의 본질을 고귀하게 하려는 게 아니라,
그저 겉모습의 가치를 따지고 싶어 할 뿐이니."

Gar viele loben und tadeln,

Ich nehme es immer für eins;

Die wollen mein Wesen nicht adeln,

Sie wollen nur Geltung des Scheins.

—시집 《온순한 크세니엔 (Zahme Xenien)》 중

우리는 타인의 평가에 지나치게 예민합니다. 칭찬을 들으면 우쭐해서 발이 땅에서 뜨고, 비난을 들으면 세상이 무너진 듯 낙심합니다. 하지만 괴테는 말합니다.

"칭찬과 비난, 나는 그 둘을 똑같은 것으로 여긴다."

어떻게 그럴 수 있을까요? 괴테가 보기에 남들의 평가는 나를 진정으로 이해하거나 성장시키려는 의도가 아닙니다. 그저 그들 자신의 기준에 맞춰 겉모습을 이리저리 재단하는 소음일 뿐입니다.

칭찬도 비난도 결국은 타인의 입에서 나온 바람입니다. 그 바람에 휘둘려 당신의 뿌리가 뽑히게 두지 마십시오. 당신의 가치는 그들의 말 속에 있지 않고, 당신이 묵묵히 쌓아가는 '행위'와 '본질' 속에 단단히 박혀 있습니다.

어떤 사람이 될 것인가

"무언가를 이루려면,
먼저 무언가가 되어야 한다."

Man muß etwas sein, um etwas zu machen.

—《에커만과의 대화 (Gespräche mit Eckermann)》중

우리는 늘 "무엇을 할 것인가"에 집착합니다. 어떤 직업을 가질지, 어떤 성과를 낼지, 무엇을 보여줄지를 고민합니다. 하지만 괴테는 그보다 앞서야 할 질문이 있다고 말합니다.

바로 **"어떤 사람이 될 것인가"**입니다.

그릇이 작은데 물을 많이 담으려 하면 넘치기 마련이고, 뿌리가 약한데 열매를 많이 맺으려 하면 가지가 부러집니다. 내가 먼저 '단단한 사람'이 되지 않으면, 내가 하는 모든 일은 사상누각처럼 무너질 수밖에 없습니다.

성공하고 싶다면 성공을 쫓지 말고, 성공을 담을 수 있는 사람이 되십시오. 당신이 먼저 '무언가'가 된다면, 당신이 하는 일은 저절로 '무언가'가 될 것입니다. 순서를 바꾸지 마십시오. 존재가 행위보다 먼저입니다.

자유롭다는 착각이
가장 깊은 감옥이다

"스스로 자유롭지 못하면서
자유롭다고 착각하는 사람만큼,
절망적으로 노예인 사람은 없다."

*Niemand ist mehr Sklave, als der sich für frei hält,
ohne es zu sein.*

— 소설 《친화력 *(Die Wahlverwandtschaften)*》 중

우리는 모두 자신이 자유로운 주체라고 믿습니다. 내 의지대로 스마트폰을 켜고, 내 취향대로 물건을 사고, 내 생각대로 판단한다고 여깁니다. 하지만 괴테는 묻습니다.

"정말 내 의지인가? 아니면 자유라고 착각하는 예속인가?"

알고리즘이 추천하는 대로 영상을 보고, 남들이 좋다는 유행을 따라가며, 사회가 정해준 정답을 내 꿈이라 착각하며 사는 것. 괴테는 자신이 쇠사슬에 묶인 줄도 모르는 노예야말로 가장 비참한 노예라고 말했습니다. 차라리 묶여있음을 아는 사람은 탈출이라도 꿈꾸지만, 착각에 빠진 사람은 탈출할 생각조차 하지 않기 때문입니다.

진정한 자유는 "나는 자유롭다"는 착각에서 벗어나, "나를 조종하는 것은 무엇인가?"를 의심하는 데서 시작됩니다. 당신의 생각은 정말 당신의 것입니까?

자신을 믿는 순간,

어떻게 살아야 할지 알게 된다

"자신을 믿는 순간,
어떻게 살아야 할지 비로소 알게 된다."

Sobald du dir vertraust, sobald weißt du zu leben..

— 희곡 《파우스트 (Faust)》 중

[Editor's Note]

이 문장은 괴테가 60년에 걸쳐 완성한 대작 《파우스트》의 1부에 등장하는 핵심 대사입니다. 평생 탐구했음에도 삶의 허무함에 빠져 있던 파우스트 박사에게, 역설적으로 악마 메피스토펠레스가 던진 조언이기도 합니다.

원문의 'Sobald(~하자마자)'는 망설일 틈을 주지 않는 단어입니다. 이는 나를 믿는 행위와 삶의 방법을 깨닫는 것이 시차가 없는 하나의 사건임을 보여줍니다.

우리는 인생의 정답을 밖에서만 찾습니다. 멘토를 찾고, 자기계발서를 뒤적이며 끊임없이 "어떻게 살아야 합니까?"라고 묻습니다. 하지만 괴테는 그 답이 외부의 지식에 있는 것이 아니라, 내부의 확신에 있다고 말합니다.

나를 믿는다는 것은 거창한 것이 아닙니다. 내 선택을 존중하고, 내 직관을 긍정하는 것입니다. 끊임없는 자기 의심을 멈추고 나를 믿어주는 그 순간, 안개 속에 가려져 있던 내 인생의 항로가 비로소 선명하게 보이기 시작할 것입니다.

말하는 것은 본능이고
듣는 것은 교양이다

"자신을 표현하는 것은
타고난 본능이고,
타인의 말을 있는 그대로 받아들이는 것은
훈련된 교양이다."

Sich mitzuteilen ist Natur;

Mitgeteiltes aufzunehmen, wie es gegeben wird, ist Bildung

— 소설 《친화력 *(Die Wahlverwandtschaften)*》 중

이 문장은 괴테의 소설《친화력》, 그중에서도 여주인공 오틸리에의 일기장에 적힌 깊은 통찰입니다.

괴테는 자신을 드러내고 떠드는 것을 'Natur, 본능'으로, 타인의 말을 경청하고 수용하는 것을 'Bildung, 교양'으로 정의했습니다. 말하는 것은 배우지 않아도 누구나 할 수 있지만, 듣는 것은 인격적 성숙과 훈련이 필요하다는 뜻입니다. 원문에는 없지만, 이 말을 곱씹어보면 이런 문장이 떠오릅니다.

"소음 속에서는 진정한 소리가 들리지 않는다."

우리는 내 안의 불안을 감추기 위해 끊임없이 떠들며 소음을 만듭니다. 하지만 진정한 소통과 성장은 내가 뱉는 말이 아니라, 침묵 속에 타인을 받아들일 때 일어납니다. 오늘 하루, 본능의 스피커를 끄고 교양의 마이크를 켜보십시오.

자유는 날마다 싸워 얻는 자의 것이다

"지혜의 마지막 결론은 이것이다.
자유도 생명도,
날마다 싸워서 얻는 자만이
그것을 누릴 자격이 있다."

Das ist der Weisheit letzter Schluß:
Nur der verdient sich Freiheit wie das Leben,
Der täglich sie erobern muß.

— 희곡 《파우스트 (Faust)》 중

이 문장은 괴테가 60년 동안 집필한 대작 《파우스트》의 결말부, 2부 5막에 등장하는 파우스트의 마지막 독백입니다. 그는 인생의 온갖 쾌락과 고뇌를 겪은 끝에 마침내 이 진리를 깨닫습니다.

괴테가 말하는 자유는 한 번 얻으면 끝나는 '영구 소유물'이 아닙니다. 매일 아침 눈을 뜰 때마다 갱신해야 하는 '일일 구독권'과 같습니다. 나태함, 편견, 외부의 압력과 싸워 이겨낸 '오늘 하루'만큼만 우리는 비로소 자유로울 수 있습니다.

"왜 내 삶은 늘 이렇게 치열한가"라고 한탄하지 마십시오. 치열하게 싸우고 있다는 것, 그것이야말로 당신이 누군가에게 종속되지 않고 스스로의 생명과 자유를 지켜내고 있다는 살아 있는 증거입니다.

인간이 도달할 수 있는
가장 높은 곳

"이 세 가지 경외로부터 최상의 경외,
즉 '자기 자신에 대한 경외'가 솟아난다.
그리하여 인간은 자신이 도달할 수 있는
가장 높은 곳에 이르게 된다."

Aus diesen drei Ehrfurchten entspringt die oberste,

die Ehrfurcht vor sich selbst,

so daß der Mensch zum Höchsten gelangt..

— 소설 《빌헬름 마이스터의 편력시대》 중

이 소설의 하이라이트인 '교육주' 장면에서 괴테는 인간이 가져야 할 세 가지 경외심을 이야기합니다.

첫째는 신에 대한 경외, 둘째는 자연에 대한 경외, 셋째는 이웃에 대한 경외입니다. 하지만 괴테는 여기서 멈추지 않습니다. 이 세 가지를 모두 갖추었을 때 비로소 네 번째이자 '최상의 경외'가 탄생한다고 말합니다.

그것이 바로 '자기 자신에 대한 경외'입니다.

신을 두려워하고 이웃을 존중하는 것보다 더 어려운 일은, 나 자신을 귀하게 여기고 함부로 대하지 않는 것입니다. 자기 자신을 진정으로 경외할 줄 아는 사람만이 비로소 인간이 도달할 수 있는 '가장 높은 곳'에 이를 수 있다는 괴테의 가르침은 오늘날 무너진 자존감을 고민하는 우리에게 큰 울림을 줍니다.

겸손은 껍데기가 아니라

알맹이의 문제다

> "자연에는 껍질도 없고 알맹이도 없다.
> 그녀는 단번에 그 모든 것이기 때문이다."
>
> *Natur hat weder Kern noch Schale,*
>
> *Alles ist sie mit einem Male.*
>
> — 시 《그래도 (Allerdings)》 중

우리는 흔히 겸손을 '겉치레'라고 착각합니다. 속마음은 오만하면서 겉으로만 고개를 숙이는 것을 예의라고 부르기도 하죠. 하지만 괴테는 시 《그래도, Allerdings》에서 **"자연에는 껍질과 알맹이의 구분이 없다"**고 노래했습니다.

사과 껍질이 사과 그 자체이듯, 사람의 태도 또한 그 사람의 본질과 분리될 수 없습니다. 진정한 겸손은 억지로 꾸며낸 표정이 아니라, 꽉 찬 내면에서 자연스럽게 흘러나오는 향기 같은 것입니다.

빈 수레가 요란하고, 익은 벼가 고개를 숙인다는 옛말은 틀린 적이 없습니다. 스스로 부족함을 아는 사람은 굳이 자신을 낮추려 애쓰지 않아도 태도에서 기품이 묻어납니다. 당신의 겸손이 껍데기인지 알맹이인지 고민하지 마십시오. 내면을 채우면 태도는 저절로 완성됩니다.

남의 흉내를 내는 삶은
그림자에 불과하다

"수백만 개의 곱슬머리 가발을 쓴다 해도,
굽 높은 신발을 신는다 해도,
너는 결국 언제나 너일 뿐이다."

Setz dir Perücken auf von Millionen Locken,

Setz deinen Fuß auf ellenhohe Socken,

Du bleibst doch immer, was du bist

— 희곡 《파우스트 (Faust)》 중

이 독설에 가까운 명대사는 《파우스트》 1부에서 악마 메피스토펠레스가 파우스트에게 던지는 말입니다. 아무리 화려한 가발을 쓰고, 키가 커 보이려 높은 굽을 신어도 '본질'은 결코 변하지 않는다는 뼈아픈 조언이죠.

현대 사회도 별반 다르지 않습니다. 우리는 남들이 좋다는 직업, 유행하는 옷차림, SNS 속 화려한 삶을 흉내 내느라 바쁩니다. 마치 그것이 내 모습인 양 착각하지만, 벗겨내면 남는 것은 초라한 공허함뿐입니다. 남의 삶을 베껴 쓴 답안지로는 내 인생을 채점받을 수 없습니다. 진짜 내 것이 아니기 때문입니다.

그림자는 결코 주인이 될 수 없습니다. 타인의 멋짐을 흉내 내는 세련된 '아류'가 되기보다, 조금 서툴고 투박하더라도 유일한 '오리지널'이 되십시오. 가장 나다울 때, 우리는 누구보다 자연스럽고 강력해집니다. 괴테의 말처럼, 당신은 결국 당신일 때 가장 빛납니다.

유능한 자에게
세상은 침묵하지 않는다

"유능한 자에게 이 세상은 침묵하지 않는다.
자기가 아는 것을 확실하게 붙잡으며,
자신의 길을 묵묵히 걸어가라."

Dem Tüchtigen ist diese Welt nicht stumm.

Was er erkennt, läßt sich ergreifen. Geh' er seinen Gang.

— 희곡 《파우스트 (Faust)》 중

많은 사람들이 힘든 일이 닥치면 하늘을 보며 기도합니다. "신이시여, 저를 도우소서." 하지만 괴테는 파우스트의 입을 빌려 말합니다.

"멍하니 하늘만 쳐다보지 마라. 이 세상은 능동적으로 움직이는 자에게는 결코 침묵하지 않는다."

우리가 발을 딛고 있는 현실에서, 내가 할 수 있는 것을 찾아 확실하게 움켜쥐는 것. 그리고 귀신이 나오든 폭풍이 치든 묵묵히 '나의 길'을 가는 것. 지금 당신의 눈앞에 놓인 현실을 꽉 붙드십시오. 보이지 않는 먼 곳을 동경하느라 오늘이라는 확실한 기회를 놓쳐서는 안 됩니다.

그것이 바로 막연한 신의 도움을 기다리는 것보다 훨씬 더 확실하게 구원을 얻는 방법입니다. 당신의 구원은 멀리 있는 신의 손이 아니라, 오늘 묵묵히 내딛는 당신의 발끝에 있습니다. 세상은 스스로 돕는 자에게만 응답하기 때문입니다.

세상의 평판에 속지 마라

"세상은 겉모습을 보고 심판하는 법이다.
아무리 내면이 훌륭해도,
자신을 드러낼 줄 모르는 사람은
아무것도 아닌 존재가 되고 만다."

Die Welt urteilt nach dem Scheine.
Wer sich nicht zu präsentieren weiß, wird zu gar nichts.

— 희곡 《클라비고 (Clavigo)》 중

우리는 흔히 "내면이 중요하다"고 말하지만, 괴테는 냉혹한 현실을 지적합니다.

"세상은 겉모습을 보고 판단한다."

아무리 실력이 있고 뜻이 좋아도, 그것을 세상의 언어로 표현하고 증명하지 못하면 '아무것도 아닌 존재' 취급을 받는 것이 세상의 이치입니다. 하지만 이를 속물적이라고 비난만 해서는 안 됩니다. 땅속 깊이 묻힌 보석은 아무도 알아볼 수 없듯, 표현되지 않은 가치는 세상에 없는 것과 같기 때문입니다.

진정한 실력은 내면의 깊이를 타인이 알아볼 수 있는 형태로 '번역'해내는 능력까지를 포함합니다. 그러니 억울해하지만 말고 본질을 갈고 닦는 만큼 그것을 드러내는 법도 익혀야 합니다. 내면이 알맹이라면, 표현은 그 알맹이를 온전하게 전달하는 그릇입니다. 그것이 세상을 살아가는 지혜입니다.

이름은 헛된 소리일 뿐,

느낌이 모든 것이다

"나는 그것에 어떤 이름도 붙일 수 없다.
느낌이 모든 것이다.

이름은 소리와 연기에 불과하며,
하늘의 빛을 가릴 뿐이다."

Ich habe keinen Namen dafür! Gefühl ist alles;

Name ist Schall und Rauch, umnebelnd Himmelsglut.

— 희곡 《파우스트 (Faust)》 중

이 문장은 희곡 《파우스트》에서 그레트헨이 "신을 믿나요?"라고 묻자, 파우스트가 이성적인 정의를 거부하며 내놓은 대답입니다.

"느낌이 모든 것이다."

괴테는 인간의 언어와 논리를 실체 없는 '소리와 연기'에 불과하다고 보았습니다. 그것들은 오히려 진정한 진리인 '하늘의 빛'을 가리는 안개가 될 뿐이라는 것입니다.

우리는 종종 감정을 억누르는 것을 성숙함이라 착각합니다. 하지만 논리는 껍데기일 뿐, 생의 가장 중요한 진실은 오직 가슴의 떨림으로만 감지할 수 있습니다.

사랑과 아름다움을 분석하려 들지 마십시오. 머리로 이해하려 할수록 본질은 연기처럼 흩어집니다. 그저 압도되고, 느끼고, 전율하십시오. 당신의 심장이 뛰는 그 느낌만이 거짓 없는 신의 목소리에 가장 가깝습니다.

즐거움과 사랑은

위대한 일을 향한 날개다

"즐거움과 사랑은

위대한 행위를 향한 날개다."

Lust und Liebe sind die Fittiche Zu großen Taten.

— 희곡 《이피게니에 (Iphigenie auf Tauris)》 중

이 문장은 희곡《이피게니에》에 등장하는 대사입니다. 주인공의 오빠 오레스테스가 절망에 빠져 있을 때, 그의 친구 필라데스가 용기를 북돋우며 건네는 말입니다.

괴테는 '즐거움'과 '사랑'을 위대한 행동으로 이끄는 '피티히'라고 불렀습니다. 피티히는 단순한 날개가 아니라, 문학적으로 힘차게 비상하는 큰 날개를 뜻합니다.

우리는 흔히 성공하려면 "이 악물고 버텨야 한다"고 생각합니다. 고통을 참고 인내하는 것만이 미덕이라고 배우죠. 하지만 괴테는 단호합니다. 억지로 하는 노력은 우리를 걷게 할 순 있어도, 날게 할 순 없습니다.

당신의 등 뒤를 점검해 보십시오. 의무감이라는 무거운 짐을 지고 있습니까, 아니면 즐거움이라는 가벼운 날개를 달고 있습니까? 위대한 성취는 비장함이 아니라, 일을 사랑하는 가벼운 마음에서 시작됩니다.

고독, 영혼이 성장하는 시간

"우리는 고독 속에서,
우리만의 고유한 것을 만들어낸다.
반면 사회 속에서는
타인의 방식에 따라 살아갈 뿐이다."

In der Einsamkeit bildet man sich alles das,

was man hat, zum Eignen,

in der Gesellschaft lebt man das Gemeine.

— 자서전 《시와 진실 (Dichtung und Wahrheit)》 중

많은 사람들이 고독을 두려워합니다. 혼자 있으면 뒤처지는 것 같고, 외톨이가 된 기분이 들기 때문입니다. 하지만 괴테는 말합니다.

"사회 속에 섞여 있을 때 우리는 결국 남들과 똑같은 삶을 살게 된다."

진정으로 '나다운 것', 나만의 생각과 영감을 얻으려면 반드시 혼자만의 시간이 필요합니다. 사회가 우리에게 정보를 줄 수는 있어도, 영혼을 울리는 영감은 오직 고독의 심연에서만 길어 올릴 수 있습니다.

고독을 '소외'라 부르며 피하지 말고, 나를 단단하게 만드는 '창조적 산책'으로 받아들이십시오. 남들의 시선에 맞추느라 흐릿해진 내면의 윤곽을 다시 선명하게 그리는 과정입니다. 이 침묵의 시간을 견뎌낸 사람만이 비로소 세상의 유행에 휩쓸리지 않는 '고유한 자기'를 완성할 수 있습니다. 가끔은 세상의 소음을 끄고 고독 속으로 들어가십시오.

나쁜 기분도

일종의 게으름이다

"나쁜 기분은... 일종의 게으름이다.
우리가 단 한 번이라도
스스로를 추스를 힘을 가진다면..."

...es ist eine Art von Trägheit. ...
Wenn wir nur einmal die Kraft haben, uns zu ermannen...

— 소설 《젊은 베르테르의 슬픔》 중

이 문장은 소설 《젊은 베르테르의 슬픔》에서 베르테르가 기분에 따라 행동하는 사람들을 비판하며 하는 말입니다. (7월 1일 자 편지)

괴테는 '나쁜 기분'을 단순한 감정 상태가 아니라, 명백한 '게으름'으로 규정했습니다. 기분이 나쁠 때 그것을 방치하고 남에게 티를 내는 것은 쉽고 편하지만, 의지를 발휘해 기분을 전환하고 다시 미소 짓는 데는 '노력'이 필요하기 때문입니다.

우리는 종종 "오늘 기분이 좀 별로라서 그래"라며 나의 짜증을 정당화합니다. 하지만 내 기분이 나쁘다고 해서 타인의 하루까지 망칠 권리는 없습니다.

나쁜 기분은 내 안에서 끝내야 합니다. 억지로라도 몸을 움직이고, 표정을 바꾸십시오. 기분이 태도가 되게 놔두는 것은 정신적인 나태함입니다. 당신의 감정을 제어하기 위해 땀 흘려 노력하는 것이 어른의 책임감입니다.

사람은 오직 사람을 통해 자신을 알 수 있다

"인간은 오직 인간 안에서만
자기를 인식할 수 있고,
오직 삶만이 각자에게
자신이 누구인지를 가르쳐 준다."

Der Mensch erkennt sich nur im Menschen,

nur das Leben lehret jeden, was er sei.

— 희곡 《토르콰토 타소 (Torquato Tasso)》 중

[Editor's Note]

이 문장은 희곡 《토르콰토 타소》 2막 3장에서, 현실 감각이 뛰어난 안토니오가 고독을 파고드는 주인공 타소에게 건네는 조언입니다.

앞서 괴테가 **"영감을 위해서는 고독하라"**고 했다면, 여기서는 **"자신을 알기 위해서는 사람 속으로 들어가라"**고 말하며 삶의 균형을 맞춥니다.

거울 없이는 내 얼굴을 볼 수 없듯, 인간은 혼자서 자신을 객관적으로 파악할 수 없습니다. 독일어 원문 'erkennt'는 단순히 보는 것을 넘어 깊이 '인식'한다는 뜻입니다.

타인은 나를 비추는 거울입니다. 내가 싫어하는 사람에게서 나의 단점을 발견하고, 좋아하는 사람에게서 나의 지향점을 봅니다. 산속의 도인은 자신의 인내심을 증명할 수 없습니다. 부대끼고, 갈등하고, 화해하는 관계의 숲. 그 안에서 발견한 모습이 진짜 당신입니다.

인간은 자신이
이해하는 것만 듣는다

"인간은
자신이 이해하는 것만 듣는다."

Man hört doch nur, was man versteht.

—《에커만과의 대화 *(Gespräche mit Eckermann)*》중

이 문장은 괴테가 말년에 그의 비서이자 제자인 에커만과 나눈 대화 속에 등장하는 통찰입니다. 괴테는 말이 통하지 않는 답답함을 토로하는 대신, 소통의 원리를 '듣는 사람'의 귀에서 찾았습니다.

우리는 흔히 내가 명확하게 말하면 상대가 알아들었을 것이라 착각합니다. 하지만 괴테는 단언합니다. **"자신의 경험과 지식의 한계를 벗어나는 이야기는, 아무리 지혜로운 말이라도 받아들일 준비가 안 된 자에게는 그저 소음일 뿐"**이라고 말이죠.

이 법칙은 나 자신에게도 적용됩니다. 혹시 누군가의 조언이 잔소리로만 들리나요? 상대가 틀린 것이 아니라, 내 그릇이 아직 그 말을 담을 만큼 넓어지지 않았다는 신호일 수 있습니다. 이해할 수 없는 것을 듣는 인내심, 그것이 바로 성장의 시작입니다.

무한한 세상은 내 발아래 있다

"무한한 세계로 나아가고 싶은가?
그렇다면 유한한 이 땅의 사방을 걸어보라."

Willst du ins Unendliche schreiten,

Geh nur im Endlichen nach allen Seiten.

— 시집 《신과 세계 (Gott und Welt)》 중

이 문장은 '걷기'가 단순한 이동이 아니라, 세상을 배우는 유일한 방법임을 역설하는 괴테의 진짜 명언입니다.

우리는 종종 '무한한 성공'이나 '거창한 진리'를 찾아 먼 곳을 헤맵니다. 하지만 괴테는 **"저 높은 곳에 닿으려 하지 말고, 지금 네 발이 딛고 있는 이 '유한한' 현실의 구석구석을 부지런히 걸어 다녀라"**라고 말합니다.

원문의 'Schreiten'은 뒷짐 지고 걷는 산책이 아니라, 목적을 가지고 성큼성큼 걷는 행위를 뜻합니다. 추상적인 생각 속에 갇혀 있지 말고, 흙먼지가 날리는 현실의 사방을 직접 밟고 다니라는 뜻입니다.

마차를 타고 스쳐 지나간 풍경이 내 것이 될 수 없듯, 머리로만 이해한 세상은 결코 내 삶이 되지 않습니다. 막막함이 밀려올 때면 신발 끈을 고쳐 매십시오. 무한한 세상은 오직 당신이 걷는 그 걸음 속에만 존재합니다.

다 이루었다고 생각하는 순간
성장은 멈춘다

"다 이루었다고 여기는 자는
매사에 불평하지만,
성장하고 있는 자는
언제나 감사할 줄 안다."

Wer fertig ist, dem ist nichts recht zu machen;
Ein Werdender wird immer dankbar sein.

— 시집 《서동시집 (West-östlicher Divan)》 중

우리는 흔히 '대가'를 모든 것을 다 이루고 정상에 앉아 있는 사람이라고 생각합니다. 하지만 괴테의 생각은 다릅니다. 그는 자신을 '완성된 존재'라고 믿는 순간, 인간은 오만해지고 성장을 멈춘다고 보았습니다.

이미 컵이 꽉 찼다고 믿는 사람은 더 이상 새로운 물을 담을 수 없습니다. 그래서 세상 모든 것이 시시해 보이고, 남의 부족함만 눈에 들어와 불평하게 됩니다. 이것은 노화이자 퇴보입니다.

반면, 진정한 대가는 자신을 여전히 '되어가는 존재', 즉 미완성의 학생으로 정의합니다. 부족하기에 배울 것이 있고, 그렇기에 사소한 가르침 하나에도 깊이 감사할 줄 압니다.

당신은 지금 어떤 상태입니까? "나는 알만큼 안다"며 팔짱을 끼고 있습니까, 아니면 "아직 멀었다"며 눈을 빛내고 있습니까? 역설적이게도, 영원히 완성되지 않으려는 태도만이 우리를 완성으로 이끕니다.

세상으로부터 도망치는

가장 우아한 방법

"세상을 피하는 방법으로
예술보다 확실한 것은 없고,
세상과 하나가 되는 방법으로
예술보다 확실한 것도 없다."

Man weicht der Welt nicht sicherer aus

als durch die Kunst,

und man verknüpft sich nicht sicherer mit

ihr als durch die Kunst.

— 소설 《친화력 *(Die Wahlverwandtschaften)*》 중

힘든 현실을 마주할 때 우리는 도망치고 싶어집니다. 어떤 사람은 술로, 어떤 사람은 잠으로, 어떤 사람은 여행으로 도피합니다. 하지만 그 모든 도피는 결국 다시 현실로 돌아와야 하는 일시적인 마취제일 뿐입니다.

괴테는 우리에게 가장 안전하고 확실한 도피처로 '예술'을 권합니다. 음악을 듣고, 그림을 그리고, 글을 읽는 순간, 우리는 현실의 중력에서 벗어나 완전히 다른 차원의 세계로 진입합니다. 이것은 비겁한 도망이 아니라, 영혼이 숨을 쉬기 위해 잠시 창문을 여는 행위입니다.

역설적이게도, 그렇게 예술 속에 푹 빠졌다가 돌아오면 우리는 이전보다 더 깊게 세상과 연결됩니다. 소설 속 주인공의 아픔을 통해 타인을 이해하게 되고, 그림 속 풍경을 통해 무심코 지나쳤던 자연을 사랑하게 됩니다. 예술은 세상을 떠나게 해주지만, 동시에 세상을 더 뜨겁게 끌어안게 해줍니다. 그곳에서 당신은 다시 세상과 사랑에 빠질 힘을 얻게 될 것입니다.

행운은 웃는 자에게 찾아온다

"절제는
모든 행복한 영감의 어머니다."

Wir sehn, daß die Mäßigkeit

Die Mutter aller glücklichen Einfälle sei.

— 희곡 《토르콰토 타소 (Torquato Tasso)》 중

우리는 흔히 예술적 영감이 '광기'나 '무절제한 자유'에서 나온다고 착각합니다. 밤을 새우고, 감정을 쥐어짜야 나온다고 믿죠. 괴테는 정반대의 처방을 내립니다.

"감정에 휘둘리지 마라. 절제만이 영감을 부른다."

이 말은 감정 기복이 심해 스스로를 파괴하던 주인공 타소에게 던지는 조언입니다. 여기서 괴테가 말한 '절제'는 욕망을 억지로 누르는 것이 아닙니다. 사방으로 흩어지는 에너지를 한곳으로 모으는 '응축'의 기술입니다.

흙탕물이 가라앉아야 투명하게 보이듯, 요동치던 마음이 고요해질 때 비로소 번뜩이는 아이디어가 찾아옵니다. 넘치는 열정은 그릇이 없으면 쏟아져 버릴 뿐입니다. 그 열정을 담아내는 단단한 그릇이 바로 '절제'입니다.

자극과 도파민에 중독된 우리에게 가장 필요한 조언입니다. 스스로를 고요하게 만드는 그 절제의 시간 속에, 당신이 그토록 기다리던 '행복한 영감'이 숨어 있습니다.

"꿈을 꾸는 것만으로는 부족하다.

행동해야 한다."

2장

망설임 없이, 서두름 없이

(일과 성취)

서두름 없이 그러나 쉼 없이

"저 별처럼 서두름 없이, 그러나 쉼 없이,
저마다 자기 몫의 짐을 중심으로 돌아라."

Wie das Gestirn, ohne Hast, aber ohne Rast,

Drehe sich jeder um die eigne Last.

— 시집 《온순한 크세니엔 (Zahme Xenien)》 중

괴테는 83년의 생애 동안 작가, 정치가, 과학자로서 믿기 힘들만큼 방대한 업적을 남겼습니다. 사람들이 그 비결을 물을 때마다, 그는 밤하늘을 가리키며 이 시를 읊었다고 합니다.

우리는 일을 할 때 두 가지 함정에 빠집니다. 하나는 조급함입니다. 성과를 빨리 내고 싶어 허둥대다 제풀에 지쳐버립니다. 다른 하나는 멈춤입니다. 조금만 힘들면 게으름을 피우거나 포기해 버립니다.

괴테는 별을 스승으로 삼으라고 말합니다. 별들은 추월하려고 속도를 높이지 않고, 아무도 안 본다고 해서 멈추지도 않습니다. 그저 자신에게 주어진 중력과 궤도에 맞춰, 자기 몫의 무게를 안고 묵묵히 자전할 뿐입니다.

성취는 폭발적인 속도전이 아니라, 끊기지 않는 리듬에서 나옵니다. 아주 멈추지만 않는다면, 당신은 반드시 목적지에 도달합니다. 별처럼 담담하게, 당신의 궤도를 지키십시오.

어떤 상황이든
바꿀 수 있는 두 가지 힘

"무언가를 성취하거나,
혹은 묵묵히 견뎌냄으로써
우리가 고귀하게 만들 수 없는
상황이란 없다."

Es gibt keine Lage,

die man nicht veredeln könnte durch Leisten oder Dulden.

—《격언과 성찰 (Maximen und Reflexionen)》 중

우리는 종종 막다른 골목에 다다랐다고 느낍니다. "이제 끝이야", "내 힘으론 어쩔 수 없어"라며 상황을 비관합니다. 하지만 괴테는 단호하게 단호하게 **우리가 바꿀 수 없는 상황은 없다.**"라고 말합니다.

그는 운명을 바꾸는 두 가지 도구를 제시합니다. 하나는 '성취'입니다. 적극적으로 움직여서 장애물을 부수고 상황을 타개하는 힘입니다.

다른 하나는 '인내'입니다. 당장 해결할 수 없다면, 그 시간을 묵묵히 견뎌냄으로써 상황이 지나가게 만드는 힘입니다. 폭풍우를 멈출 수 없다면, 버티는 것 자체가 폭풍우를 이기는 방법이 됩니다.

길을 막아선 돌덩이가 있습니까? 그것을 깨부수어 성을 쌓든, 아니면 그 위에 걸터앉아 잠시 쉬어가든, 선택은 당신에게 있습니다. 중요한 건, 당신이 그 상황을 '바꿀 수 있다'는 믿음입니다.

원하는 것만으로는 충분하지 않다, 실행해야 한다

"아는 것만으로는 충분하지 않다.
적용해야 한다.
원하는 것만으로는 충분하지 않다.
실행해야 한다."

*Es ist nicht genug, zu wissen, man muß auch anwenden;
es ist nicht genug, zu wollen, man muß auch tun..*

— 소설 《빌헬름 마이스터의 편력시대》 중

이 문장은 나이키의 슬로건("Just Do It")보다 200년 앞선 괴테의 실행 선언문입니다. 소설《빌헬름 마이스터의 편력시대》에 나오는 이 아포리즘은 생각만 많고 행동이 굼뜬 지식인들의 급소를 찌릅니다.

괴테는 두 가지 함정을 지적합니다. 첫째는 '아는 것'의 함정입니다. 책을 읽고 강의를 들으며 지식을 쌓는 것만으로 무언가 이뤘다고 착각하는 것입니다. 둘째는 '원하는 것'의 함정입니다. '부자가 되고 싶다', '작가가 되고 싶다'는 간절한 소망을 품는 것만으로 꿈에 다가갔다고 믿는 것입니다.

하지만 적용 없는 지식은 뇌 속의 데이터 쪼가리에 불과하고, 실행 없는 소망은 공허한 망상일 뿐입니다.

혹시 완벽한 준비를 핑계로 시작을 미루고 있지는 않나요? 괴테는 말합니다. **"계획표를 찢고 당장 손발을 움직이라"** 변화는 오직 '하는 것'에서만 시작됩니다.

모든 시련에 맞서

나를 지켜내라

"모든 시련에 맞서 너 자신을 지켜내라.

결코 굴복하지 말고, 강인하게 너를 보여라."

Allen Gewalten zum Trutz sich erhalten,

Nimmer sich beugen, kräftig sich zeigen.

— 시 《유산 (Vermächtnis)》 중

이 문장은 괴테가 세상을 떠나기 3년 전, 자신의 삶을 정리하며 남긴 시《유산》의 한 구절입니다. 온갖 풍파를 겪어낸 노년의 대문호가 우리에게 남긴 마지막 당부이기도 합니다.

살다 보면 내 의지와 상관없이 거대한 시련이 파도처럼 덮쳐올 때가 있습니다. 사람들은 그 앞에서 쉽게 무릎 꿇거나, 타협하며 자신을 잃어버리곤 합니다. 하지만 괴테는 단호하게 말합니다.

"절대로 고개를 숙이지 마라."

이것은 뻣뻣한 고집을 부리라는 뜻이 아닙니다. 외부의 압력 때문에 나라는 사람의 본질을 훼손시키지 말라는 뜻입니다. 세상이 나를 흔들수록 두 발을 땅에 더 깊이 박고, 내가 얼마나 단단한 존재인지를 세상에 증명해 보이십시오. 당신을 지킬 수 있는 사람은 오직 당신 뿐입니다.

인생을 멋지게 짓고 싶다면

"멋진 인생을 짓고 싶은가?
그렇다면 지난 일에 구애받지 마라.
사소한 일에 화내지 마라.
그리고 언제나 현재를 즐겨라."

Willst du dir ein hübsch Leben zimmern,

Mußt dich ums Vergangne nicht bekümmern,

Das Wenigste muß dich verdrießen;

Mußt stets die Gegenwart genießen.

— 시집 《온순한 크세니엔 (Zahme Xenien)》 중

이 시는 괴테가 생각하는 '성공적인 인생 건축술'의 핵심 요강입니다. 독일어 원문에서 괴테는 인생을 'leben, 살다'라고 하지 않고, 'zimmern, 짓다'라고 표현했습니다. 이는 목수가 나무를 깎아 집을 짓듯이, 인생도 땀 흘려 지어야 하는 '건축'으로 보았다는 뜻입니다.

멋진 집을 짓는 비결은 무엇일까요? 괴테는 "이미 깎여나간 톱밥(과거)에 신경 쓰지 말고, 지금 손에 쥔 나무(현재)에 집중하라"고 조언합니다. 이미 지나간 실수를 후회하거나 사소한 일에 화를 내느라, 정작 중요한 '오늘의 망치질'을 망치지 말라는 것입니다.

우리의 인생은 단 하루인 '오늘'들이 쌓여 만들어진 건물입니다. 오늘 하루가 엉망인데 멋진 인생이 완성될 리 없습니다. 과거를 잊고, 오직 내 눈앞에 놓인 오늘 하루가 내 인생의 전부인 것처럼 몰입하십시오. 그 하루하루가 모여 당신이라는 위대한 걸작이 됩니다.

말보다, 생각보다,

행동이 먼저다

"영혼이 나를 돕는구나!
갑자기 깨달음이 오니,
나는 확신을 가지고 이렇게 쓴다.
'태초에 행위가 있었다!'"

Mir hilft der Geist! auf einmal seh' ich Rath

Und schreibe getrost: im Anfang war die That!

— 희곡 《파우스트 (Faust)》 중

이 문장은《파우스트》1부에서 파우스트 박사가 요한복음 1장 1절(태초에 말씀이 계시니라)을 번역하며 고뇌하는 장면에 등장합니다.

그는 처음에 '말씀'이라고 썼다가 지웁니다. 말이 세상을 창조할 수는 없다고 생각했기 때문입니다. 다음에는 '생각'이라고 썼다가, 다시 '힘'이라고 고쳐 씁니다. 하지만 그 무엇도 세상의 근원이라기엔 부족했습니다. 마지막 순간, 그는 깨달음을 얻고 단호하게 펜을 놀려 이렇게 적습니다.

"태초에 행위가 있었다!"

우리는 종종 "생각이 정리되면 시작해야지", "말이 통해야 일을 하지"라고 합니다. 하지만 괴테는 순서를 뒤집습니다. 행동이 먼저입니다. 일단 저지르고 움직여야, 그 뒤에 생각도 정리되고 말도 생겨나는 법입니다.

당신의 '태초'는 언제입니까? 당신이 무언가를 처음 '행동'했던 그 순간이 당신의 역사가 시작된 태초입니다.

생각하는 것은 쉽고,
행동하는 것은 어렵다

"생각하는 것은 쉽고 행동하는 것은 어렵다.
하지만 생각한 대로 행동하는 것은
세상에서 가장 불편하고 어려운 일이다."

Denken ist leicht, Thun ist schwer,

nach dem Gedachten handeln unbequem.

— 소설 《빌헬름 마이스터의 수업시대》 중

우리는 흔히 생각이 바뀌면 행동이 바뀐다고 믿지만, 괴테는 그 과정이 물 흐르듯 자연스러운 것이 아니라 거친 저항을 뚫어야 하는 고통스러운 투쟁이라고 말합니다.

원문에 사용된 'unbequem'은 '불편하다', '거북하다'는 뜻입니다. 머릿속 계획은 늘 완벽하고 우아하지만, 막상 현실로 옮기려면 귀찮고, 남의 눈치를 봐야 하며, 실패의 위험까지 감수해야 합니다. 그래서 우리는 자꾸만 안전한 생각 속으로 도망치려 합니다.

하지만 괴테는 이 '불편함'을 견디는 것만이 성취의 열쇠라고 강조합니다. 세상의 모든 위대한 성취는 편안한 소파가 아니라 불편한 현장에서 탄생했기 때문입니다.

지금 무언가가 몹시 귀찮고 불편하게 느껴진다면 기뻐하십시오. 그것은 당신이 달콤한 망상에서 벗어나, 비로소 생각한 대로 행동하고 있다는 가장 확실한 증거입니다.

가장 어려운 것은
눈앞에 있는 것을 보는 일이다

"무엇이 세상에서 가장 어려운 일인가?
그대가 가장 쉽다고 생각하는 일,
즉 눈앞에 있는 것을
있는 그대로 보는 일이다."

Was ist das Schwerste von allen?
Was dir das Leichteste dünket:
Mit den Augen zu sehn, was vor den Augen dir liegt

— 풍자시집 《크세니엔 (Xenien)》 중

괴테는 시인이기 이전에 식물학, 색채학, 광물학을 연구한 꼼꼼한 과학자였습니다. 그에게 '본다'는 행위는 선입견을 버리고 대상을 있는 그대로 파악하는 지적 투쟁이었습니다.

우리는 흔히 내가 내 눈앞의 현실을 잘 알고 있다고 착각합니다. 하지만 대부분은 '있는 그대로' 보는 것이 아니라, '보고 싶은 대로' 봅니다. 복잡한 문제를 해결하려 먼 곳에서 비법을 찾지만, 정작 해결책은 너무나 뻔하고 단순한 기본기 속에 숨어 있을 때가 많습니다.

등잔 밑이 어둡다는 말처럼, 진실은 가까이 있어서 오히려 보이지 않습니다. 사업의 기회도, 인간관계의 해법도, 행복의 파랑새도 실은 당신 눈앞에 놓여 있습니다. 단지 당신의 욕심과 편견이 시야를 가리고 있을 뿐입니다.

쉬워 보이는 것이 가장 어렵습니다. 멀리 보려 애쓰지 말고, 당신의 코앞에 놓인 현실을 직시하십시오. 위대한 발견은 맨눈을 크게 뜨는 것에서 시작됩니다.

방황하라, 그것이
당신이 노력하고 있다는 증거다

"인간은 노력하는 한 방황하는 법이다."

Es irrt der Mensch, so lang er strebt.

— 희곡 《파우스트 (Faust)》 중

[Editor's Note]

이 문장은 희곡 《파우스트》 전체를 관통하는 핵심 주제이자, 신이 인간을 끝내 긍정하는 이유입니다. 괴테는 '실수'와 '방황'을 무능력의 증거가 아니라, '치열한 노력의 그림자'로 보았습니다.

아무것도 시도하지 않는 사람은 실수도 하지 않습니다. 길가에 핀 잡초는 바람에 흔들릴지언정 길을 잃지는 않습니다. 오직 더 높은 곳을 향해 걷는 사람만이 길을 잃고, 넘어지고, 헤매는 고통을 겪습니다. 유능한 사람은 실수를 안 하는 사람이 아니라, 그 실수를 자신의 '성장통'으로 받아들이고 기꺼이 껴안는 사람입니다.

지금 무언가 실수하여 자책하고 계신가요? 자신이 초라하게 느껴지나요? 당신이 지금 흔들리고 있다는 건, 당신이 멈춰 있지 않고 끊임없이 위를 향해 나아가고 있다는 가장 확실하고 아름다운 증거입니다. 방황은 목적지가 없는 것이 아니라, 목적지를 찾아가는 중이라는 뜻입니다. 그러니 안심하고 방황하십시오.

작은 일을 소홀히 하는 자는
큰일도 못 한다

"너의 의무를 다하라.
그러면 너 자신의 가치를 알게 될 것이다.

너의 의무란 무엇인가?
바로 '그날 그날의 할 일'이다."

Versuche, deine Pflicht zu thun,

und du weißt gleich, was an dir ist.

Was aber ist deine Pflicht? Die Forderung des Tages.

—《*격언과 성찰 (Maximen und Reflexionen)*》중

우리는 종종 세상을 바꿀 미래를 꿈꾸며 먼 곳을 바라봅니다. 하지만 괴테는 아주 냉철하게 묻습니다.

"그래서 오늘 네가 당장 해야 할 일은 했는가?"

괴테가 말하는 '의무'는 국가를 구하거나 대의를 위하는 거창한 것이 아닙니다. 독일어로 'Die Forderung des Tages', 직역하면 '그날의 요구'를 처리하는 것입니다. 아침에 일어나 이불을 개고, 제시간에 출근하고, 약속을 지키고, 식사를 챙기는 사소한 일상들 말입니다.

기본을 하찮게 여기는 사람은 결코 큰일을 감당할 수 없습니다. 위대한 성취란 결국 수천 개의 '성실한 오늘'이 모여 만들어지는 탑이기 때문입니다.

성공하고 싶습니까? 멀리 보지 마십시오. 오늘 당신 눈앞에 놓인 설거지, 메일 답장, 운동 한 세트가 당신이 정복해야 할 가장 위대한 과업입니다. 그것을 해냈을 때, 비로소 당신은 당신의 가치를 증명한 것입니다.

한계를 받아들일 때
비로소 거장이 된다

"무언가 위대한 일을 원한다면
스스로를 모을 줄 알아야 한다.

제한 속에서 비로소 거장이 드러나는 법이니,
오직 법칙만이 우리에게 자유를 줄 수 있다."

Wer Großes will, muß sich zusammenraffen;

In der Beschränkung zeigt sich erst der Meister,

Und das Gesetz nur kann uns Freiheit geben.

— 시 《자연과 예술 (Natur und Kunst)》 중

우리는 흔히 '자유'를 '내 마음대로 하는 것'이라고 생각합니다. 하지만 괴테는 정반대로 말합니다.

"규율 없는 자유는 방종일 뿐이며, 스스로 한계를 설정할 줄 아는 사람만이 진짜 자유를 얻는다"

피아니스트를 생각해 보십시오. 건반이라는 물리적 한계와 악보라는 엄격한 규칙을 지킬 때, 역설적으로 그 안에서 무한한 음악적 자유가 피어납니다. 인생도 마찬가지입니다.

'위대한 것을 원하는 자'는 에너지를 사방으로 흩뿌리지 않습니다. '자신을 한곳으로 응축'합니다. 강물이 좁은 협곡을 지날 때 가장 거세지듯, 우리의 능력도 제한된 조건 속에서 비로소 폭발합니다.

스스로 정한 규칙과 절제 속에 나를 가두는 것 같지만, 바로 그 단단한 틀이 당신을 어설픈 아마추어가 아닌 인생의 '거장'으로 만들어 줄 것입니다.

의욕적인 실수는
지루한 정답보다 낫다

"열매를 맺는 실수는
아무런 결실도 없는
메마른 진실보다 훨씬 더 낫다."

Ein fruchtbarer Irrtum ist mir lieber,

als eine unfruchtbare Wahrheit.

— 《격언과 성찰 *(Maximen und Reflexionen)*》 중

우리는 '실수'를 실패라고 생각하고 두려워합니다. 하지만 괴테는 실수에도 종류가 있다고 말합니다. 바로 '생산적인 실수'입니다.

무언가 새로운 것을 시도하다가 저지르는 실수는, 비록 당장은 틀렸을지라도 그 안에 배움과 성장의 씨앗을 품고 있습니다. 반면, 아무런 도전도 하지 않고 안전하게 기존의 정답만을 고수하는 태도는 겉보기엔 성공 같지만, 실은 아무것도 낳지 못하는 '불임'의 상태입니다.

지루하게 100점을 맞는 삶보다, 뜨겁게 부딪히고 깨지면서 나만의 오답 노트를 만들어가는 삶이 훨씬 위대합니다. 그 '의욕적인 실수'들이 쌓여 결국 누구도 흉내 낼 수 없는 당신만의 지혜가 되기 때문입니다.

틀리는 것을 겁내지 마십시오. 가장 나쁜 것은 틀리는 것이 아니라, 틀릴 기회조차 갖지 않을 만큼 아무것도 하지 않는 것입니다.

시간이 없는 게 아니라

질서가 없는 것이다

"시간을 잘 쓰게나,

시간은 빨리도 날아가 버리니.

하지만 질서가 자네에게

시간을 버는 법을 가르쳐 줄 걸세."

Gebraucht der Zeit, sie geht so schnell von hinnen,

Doch Ordnung lehrt euch Zeit gewinnen.

— 희곡 《*파우스트 (Faust)*》 중

이 문장은 희곡 《파우스트》 속 메피스토펠레스의 조언이지만, 실제로는 행정가로서 24시간을 48시간처럼 썼던 괴테의 시간 관리 비법입니다.

우리는 늘 "시간이 없다"고 핑계대고 한탄하지만, 괴테는 단호하게 **"시간이 부족한 게 아니라 질서가 없는 것이다"**라고 말합니다.

여기서 '질서'란 단순한 정리가 아니라, 우선순위를 정하고 불필요한 일을 쳐내는 '시스템'입니다. 질서가 없으면 급한 일에 끌려 다니느라 정작 자신을 위한 시간은 한 톨도 남기지 못합니다.

반면, 시간을 지배하는 사람은 질서를 통해 시간을 벌어들입니다. 시간은 주인이 되어 통제하지 않으면 결코 나를 위해 일해주지 않습니다. 구멍 난 독처럼 시간을 흘려보내지 말고, 견고한 질서 속에서 당신의 시간을 쌓아가십시오.

밤은 잠들기 위해 있는 것이지
고민하기 위해 있는 게 아니다

"나에게 밤은
잠자기 위해 좋은 시간이고,
낮은 씩씩하게
일하기 위해 좋은 시간이다."

Die Nacht ist mir zum Schlafen gut,

Der Tag zum wackern Schaffen.

— 시집 《온순한 크세니엔 (Zahme Xenien)》 중

괴테는 엄청난 업무량을 소화하면서도 83세까지 장수하며 창작열을 불태웠습니다. 그 비결은 바로 '밤과 낮의 철저한 분리'에 있었습니다.

현대인들은 침대에서도 스마트폰을 보며 세상의 소음을 확인하고, 내일의 걱정을 끌어안고 뒤척입니다. 밤이 휴식의 시간이 아니라 '제2의 고민 시간'이 되어버린 것입니다. 하지만 괴테는 밤에 하는 고민은 백해무익하다고 봤습니다. 어둠 속에서는 부정적인 생각이 곰팡이처럼 번식하기 쉽기 때문입니다.

밤은 해결하는 시간이 아니라 충전하는 시간입니다. 고민은 해가 떠 있는 낮, 이성이 가장 명료할 때 치열하게 하는 것입니다. 밤이 오면 뇌의 전원을 끄십시오. 당신이 오늘 밤을 뜬눈으로 지새운다 해도 내일의 문제는 조금도 해결되지 않습니다. 내일을 이길 힘은 오직 깊은 잠에서만 나옵니다.

나누면 지배하고,
합치면 이끈다

"'나누어서 지배하라',
이것은 강력한 행동 강령이다.
'합쳐서 이끌어라',
이것은 더 위대한 행동 강령이다."

Entzwei' und gebiete! Tüchtig Wort;

Verein' und leite! Beßrer Hort.

— 풍자시 《*Invectiven*》 중

로마 시대부터 내려온 제국의 통치 기술은 명확했습니다. "적을 분열시켜라, 그러면 지배할 것이다." 구성원들을 서로 의심하게 하고 쪼개 놓으면, 권력자가 마음대로 조종하기 쉽기 때문입니다.

하지만 괴테는 이 오래된 처세술에 반기를 듭니다. 그가 이 문장을 쓴 이유는, 사람을 장기말처럼 쪼개서 통제하는 것은 비열한 '기술'일 뿐, 사람의 마음을 얻는 진정한 '예술'은 아니라고 보았기 때문입니다.

괴테는 '유기적인 결합'을 중시했기에 그는 억지로 쪼개진 것들은 생명력을 잃지만, 서로 다른 것들이 하나로 연결될 때 위대한 힘이 탄생한다고 믿었습니다.

공포로 분열시키는 자는 '지배자'는 될 수 있어도 '리더'는 될 수 없습니다. 지배자는 사람을 부리지만, 리더는 사람을 묶어줍니다. 진짜 고수는 쪼개서 힘을 빼는 게 아니라, 합쳐서 시너지를 냅니다.

필요한 일에 집중하는 자가

가장 빨리 목표에 닿는다

"가장 필요한 일에 전념하는 사람은
어디서나 가장 확실하게 목표에 도달한다."

Wer dem Notwendigsten treu ist,

geht überall am sichersten zum Ziel.

— 소설 《빌헬름 마이스터의 편력시대》 중

우리는 매일 수많은 '급한 일'들에 쫓겨 살아갑니다. 메시지 알림, 잡다한 요청, 사소한 걱정들이 파도처럼 밀려와 정작 내 인생에서 가장 중요한 일은 뒷전으로 밀려나곤 합니다. 바쁘게는 살지만, 앞으로 나아가지는 못하는 '러닝머신 위의 삶'을 반복하고 있는 것은 아닌지 돌아봐야 합니다.

괴테는 이를 경계하며 인생의 미로를 가장 안전하고 빠르게 통과하는 방법은, 곁가지들을 과감히 쳐내고 오직 '가장 필요한 일'에 집중하는 것이라고 말합니다.

'중요한 일'과 '급한 일'을 구분하십시오. 당신의 하루를 채우고 있는 것이 목표를 위한 '필수적인 행동'인지, 아니면 그저 시간을 때우는 '잡무'인지 냉정하게 점검해야 합니다. 진정한 효율은 쓸데없는 일을 탁월하게 해내는 것이 아니라, 해야 할 일을 우직하게 해내는 데 있습니다. 목표에 닿는 가장 빠른 길은 속도가 아니라 '방향의 정확성'에 있습니다.

성취는 속도가 아니라

방향이다

"첫 번째 단추 구멍을 잘못 끼운 자는,
단추 채우는 일을 결코 제대로 끝낼 수 없다."

Wer das erste Knopfloch verfehlt,

kommt mit dem Zuknöpfen nicht zu Rande.

— 자서전 《시와 진실 (Dichtung und Wahrheit)》 중

우리는 종종 과정이 꼬였음을 알면서도 멈추지 못합니다. 지금까지 들인 시간과 노력이 아까워 "어떻게든 되겠지"하며 억지로 다음 단추를 끼워 넣습니다. 하지만 괴테는 냉정하게 말합니다.

"첫 단추가 틀렸다면, 결말은 결코 아름다울 수 없다"

첫 단추를 잘못 끼웠을 때 필요한 것은 더 빠른 손놀림이 아닙니다. 입었던 옷을 다 풀어헤치고 다시 처음으로 돌아가는 '용기'입니다.

사람들은 이를 '시간 낭비'라고 부르며 두려워합니다. 하지만 잘못된 채로 끝까지 가서 결국 옷을 찢게 되는 것이야말로 진짜 낭비입니다.

성취는 얼마나 빨리 가느냐가 아니라, 어디로 가느냐에 달려 있습니다. 지금 당신의 삶을 점검하십시오. 늦었다고 생각할 때가, 꼬인 단추를 풀 수 있는 가장 빠른 때입니다.

행동만이 의심을 잠재운다

"사람이 어떻게
자신을 알 수 있는가?
사색으로는 절대 불가능하다.
오직 행동을 통해서만 가능하다."

Wie kann man sich selbst kennen lernen?
Durch Betrachten niemals, wohl aber durch Handeln.

— 《격언과 성찰 *(Maximen und Reflexionen)*》 중

우리는 인생의 중요한 결정을 앞두고 끊임없이 고민합니다. "이게 내 적성에 맞을까?", "내가 잘할 수 있을까?" 밤새 침대에 누워 천장을 바라보며 나 자신을 탐구하려 애씁니다. 하지만 괴테는 단언합니다.

"방구석에서의 사색으로는 절대 너 자신을 알 수 없다."

생각하면 할수록 꼬리에 꼬리를 물고, 의심이라는 안개만 피워 올릴 뿐입니다.

자신을 아는 유일한 방법은 부딪쳐 보는 것입니다. 글을 써 봐야 내가 글쓰기를 좋아하는지 알 수 있고, 물건을 팔아봐야 내가 장사에 소질이 있는지 알 수 있습니다. 내 손과 발이 현실과 마찰을 일으킬 때 생기는 그 감각만이 진짜 데이터입니다. 의심이 당신을 괴롭힌다면, 지금 당장 몸을 움직여 시험해 보십시오. 행동하는 순간, 안개 같던 의심은 사라지고 명확한 현실만 남게 될 것입니다.

실천하지 않는 지식은

죽은 지식이다

"모든 이론은 회색빛이라네.
오직 생명의 황금 나무만이 푸르다네."

Grau, teurer Freund, ist alle Theorie,

Und grün des Lebens goldner Baum.

— 희곡 《파우스트 (Faust)》 중

이 문장은 《파우스트》에서 악마 메피스토펠레스가 학문에 지친 학생에게 던지는 말이지만, 괴테가 평생 추구했던 '체험의 철학'을 가장 잘 대변하는 명문장입니다.

괴테에게 책상 위에서 익힌 지식과 이론은 '회색'입니다. 그것은 죽어 있고, 건조하며, 생기가 없습니다. 반면, 창밖에서 비바람을 맞으며 자라나는 현실의 삶은 '초록'입니다. 그것은 시시각각 변하고, 살아 숨 쉬며, 열매를 맺습니다.

우리는 종종 회색 이론으로 무장하고 세상을 안다고 착각합니다. 경영학 책을 읽고 사업을 안다고 생각하고, 소설을 읽고 사랑을 안다고 생각합니다. 하지만 경험의 나이테가 없는 지식은 그저 잉크 자국에 불과합니다.

당신의 지식은 어떤 색깔입니까? 머릿속에만 갇혀 빛바랜 회색입니까, 아니면 세상 밖으로 나와 푸르게 살아 숨 쉬고 있습니까? 책을 덮고, 저 푸른 생명의 나무 아래로 걸어 나가십시오. 진짜 배움은 그곳에 있습니다.

최고를 지향하지 않는다면

아무것도 얻지 못한다

"최고를 원하지 않는 자는
아무것도 원하지 않는 것과 같다.

우리가 무언가를 진정으로 원한다면,
그것은 반드시 성취된다."

Wer nicht das Beste will, der will gar nichts.

Was man ernstlich will, ist auch zu erlangen.

—《격언과 성찰 (Maximen und Reflexionen)》중

괴테는 예술가이자 행정가로서 언제나 완벽주의를 추구했습니다. 그는 "적당히 이 정도면 되겠지"라고 타협하는 태도를 가장 경멸했습니다.

많은 사람들이 실패가 두려워 목표를 낮춰 잡습니다. "최고는 아니더라도 중간만 가자"라고 생각하죠. 하지만 괴테는 말합니다. 최고를 목표로 삼지 않는다면, 당신은 사실 아무것도 원하지 않는 것이라고요. 어중간한 목표는 우리를 가슴 뛰게 하지 못하고, 결국 흐지부지한 결과만 낳기 때문입니다.

화살을 달에 맞추겠다고 겨냥해야 멀리 있는 바위라도 맞출 수 있습니다. 처음부터 바위를 겨냥하면 화살은 발밑에 떨어지고 맙니다. 당신의 기준을 타협하지 마십시오. 가장 높은 곳을 바라보는 야망만이 당신을 그 근처라도 데려다 줄 유일한 연료입니다.

당신의 의무를 다하라,

그것이 위대함이다

"인간은 오직 힘을 갖는다.
자기가 해야만 하는 일 외에는
아무것도 원하지 않을 때에만."

Man hat nur Gewalt, insofern man nichts wünscht,
als was man tun muß.

—소설 《친화력 (Die Wahlverwandtschaften)》 중

괴테는 인간이 언제 가장 무기력해지는지를 정확히 알았습니다. 바로 '해야 하는 일'과 '하고 싶은 일'이 분리되어 싸울 때입니다. 우리는 몸으로 일을 하면서도 머리로는 "아, 놀고 싶다"라고 생각하며 에너지를 반으로 쪼개 낭비합니다.

하지만 괴테는 **"진정한 힘과 위대함은 이 두 가지가 일치할 때 폭발한다"**라고 말합니다. 억지로 끌려가는 것이 아니라, 나에게 주어진 이 의무를 내가 기꺼이 선택한 과업으로 받아들일 때, 우리는 상황을 지배하는 주인이 됩니다.

피할 수 없는 일이라면 즐기라는 말이 있습니다. 괴테의 조언은 한 발 더 나아갑니다. 피할 수 없는 의무를 당신의 가장 뜨거운 욕망으로 만드십시오. "나는 이것을 해야만 해"가 "나는 이것을 원해"로 바뀌는 순간, 그 의무는 더 이상 짐이 아니라 당신을 위대하게 만드는 날개가 됩니다.

좋은 생각도
적어두지 않으면 날아간다

"무엇이든 '흑과 백'으로
확실히 가진 것은,
마음 놓고 집으로 가져갈 수 있다."

Was man schwarz auf weiß besitzt,

Kann man getrost nach Hause tragen.

— 희곡 《파우스트 (Faust)》 중

이 문장은 희곡 《파우스트》에서 악마 메피스토펠레스가 학문적 조언을 구하는 학생에게 해주는 말입니다. 독일에서는 "Schwarz auf Weiß, 흑과 백으로"라는 말이 '확실한 증거'나 '기록'을 뜻하는 관용구로 쓰일 만큼 유명한 구절입니다.

아무리 번뜩이는 영감도, 아무리 감동적인 깨달음도 머릿속에만 두면 안개처럼 사라집니다. 괴테는 인간의 기억이 얼마나 연약하고 휘발성이 강한지 잘 알고 있었습니다. 그래서 그는 침대 머리맡에 늘 메모지를 두었고, 마차를 타고 이동하는 중에도 끊임없이 기록했습니다.

생각이 날아가기 전에 붙잡아두는 유일한 방법은 '적는 것'입니다. 글로 적어 '물성(物性)'을 부여하는 순간, 그 생각은 내 소유가 됩니다.

기발한 아이디어가 떠올랐습니까? 당신의 뇌를 믿지 말고 손을 믿으십시오. 적자생존, 적는 자만이 살아남고, 그 생각을 온전히 집으로 가져갈 수 있습니다.

무지개는
폭풍우가 지나야 뜬다

"허나 얼마나 장엄한가!
이 폭풍우 속에서 솟아나,
저 색색의 무지개가
변화무쌍한 모습 속에서도
한결같이 둥글게 굽이치는 모습이."

Allein wie herrlich, diesem Sturm entsprießend,

Wölbt sich des bunten Bogens Wechseldauer.

— 희곡 《파우스트 *(Faust)*》 중

괴테는 이 장면에서 'Wechseldauer', 즉 '변화 속의 지속'이라는 멋진 말을 남겼습니다.

폭포수의 물방울은 매 순간 바뀌고 사라지지만, 그 물방울들이 만들어내는 무지개의 형상은 언제나 그 자리에 선명하게 떠 있습니다. 우리 인생도 마찬가지입니다. 상황은 시시각각 변하고, 시련은 폭풍우처럼 우리를 흔들어 놓습니다.

하지만 괴테는 **"어지러운 변화 속에서도 당신이 품은 '희망'의 본질은 무지개처럼 선명하게 남아 있어야 한다"**라고 말합니다.

현실이 흔들린다고 해서 너무 두려워하지 마십시오. 물방울이 세차게 튀어 오를수록 무지개는 더 선명해집니다. 당신의 시련은 결국 당신의 희망을 더 또렷하게 증명해 줄 배경이 될 것입니다.

우리는 날마다
새로워져야 한다

"우리는 끊임없이 변해야 하고,
새로워져야 하며, 다시 젊어져야 한다.
그렇지 않으면 굳어버린다."

Wir müssen uns immerfort verändern, erneuern, verjüngen,
um nicht zu verstocken.

— 《빌헬름 마이스터의 편력시대》 중

고인 물이 썩듯, 사람도 흐르지 않으면 굳어버립니다. 괴테는 나이가 들어서 몸이 굳는 것보다, 생각이 굳어 '꼰대'가 되는 것을 가장 경계했습니다.

그가 말한 'verstocken'은 마음이나 생각이 딱딱하게 경화되는 것을 뜻합니다. "왕년에 내가 말이야", "원래 그런 거야"라는 말을 입버릇처럼 하고 있다면, 당신은 이미 굳어가고 있는 것입니다.

어제의 정답이 오늘의 오답이 될 수 있습니다. 굳지 않으려면 끊임없이 나를 갱신해야 합니다. 새로운 책을 읽고, 낯선 곳으로 여행을 떠나고, 어린 사람에게도 배우려는 열린 마음을 가지십시오.

어제와 똑같은 오늘을 살면서 더 나은 내일을 기대하는 것은 욕심입니다. 날마다 새로워지십시오. 그것만이 영혼의 노화를 막는 유일한 안티에이징입니다.

“사람은 오직

사랑하는 사람에게서만 배운다.”

3장

서로의 궤도를 존중하는 마음

(관계와 사랑)

사랑하지 않으면 알 수 없다

"사람은 자기가 사랑하는 것 외에는
아무것도 알 수 없다.
앎이 더 깊고 완전해지려면,
사랑 또한 더 강렬하고 생생해야 하며
심지어 열정이 되어야만 한다."

Man lernt nichts kennen, als was man liebt,
und je tiefer und vollständiger die Kenntnis werden soll,
desto stärker und lebendiger muß Liebe, ja Leidenschaft sein.

—《야코비에게 보낸 편지 (Brief an F. H. Jacobi)》중

무언가를 배우는 게 고통스럽다면, 당신은 그것을 제대로 배우고 있는 것이 아닙니다. 괴테는 지식의 전제 조건으로 '사랑'을 꼽았습니다.

여기서 말하는 사랑은 단순한 호감이 아닙니다. 대상을 향해 온 마음이 쏠리는 'Leidenschaft', 즉 '열정'입니다. 영어를 잘하고 싶다면 영어라는 언어를 사랑해야 하고, 사업을 잘하고 싶다면 고객과 시장을 사랑해야 합니다. 싫어하는 대상을 억지로 머릿속에 구겨 넣으려는 노력은, 사랑 없는 연애처럼 공허할 뿐입니다.

상대를 비판적인 눈으로 뜯어보면 단점만 보이지만, 사랑의 눈으로 보면 그 이면에 숨겨진 맥락과 진심까지 알게 됩니다. 이것이 괴테가 말한 '완전한 앎'입니다.

당신의 앎이 얕다면, 당신의 사랑이 부족한 탓입니다. 깊이 알고자 한다면, 먼저 깊이 사랑하십시오. 사랑만이 불가능해 보이던 이해의 문을 여는 유일한 열쇠입니다.

사람은 누구나

자신의 렌즈로 세상을 본다

"안과 밖은 나누어져 있지 않다.
내면에 있는 것이
곧 바깥세상에 있는 것이기에."

Nichts ist drinnen, nichts ist draußen;

Denn was innen, das ist außen.

— 시 《에피레마 *(Epirrhema)*》 중

[Editor's Note]

도둑의 눈에는 도둑만 보이고, 부처의 눈에는 부처만 보인다는 말이 있습니다. 괴테의 통찰 역시 이와 닿아 있습니다.

우리는 세상을 '있는 그대로' 본다고 착각하지만, 사실은 '보고 싶은 대로', 아니 정확히는 '자신의 수준만큼'만 봅니다. 내면이 가난한 사람은 풍요로운 기회 속에서도 결핍을 찾아내고, 내면이 꼬인 사람은 정직한 배려 속에서도 의도를 의심합니다.

결국 밖에서 마주치는 모든 문제는 내 안의 문제가 밖으로 투영된 그림자일지도 모릅니다. 세상이 아름답지 않은 게 아닙니다. 어쩌면 당신의 마음이 지금 아름답지 않은 것일 수도 있습니다.

아름다운 세상을 보고 싶으십니까? 그렇다면 먼저 당신의 내면을 아름다운 것들로 채우십시오. 안이 변하면, 밖은 저절로 변하게 되어 있습니다.

증오를 품는 것은
내 안에 불을 품는 것과 같다

"시기심은 수동적인 불쾌함이고,
증오는 능동적인 불쾌함이다."

Der Neid ist ein passives,

der Haß ein aktives Mißvergnügen.

— 《격언과 성찰 *(Maximen und Reflexionen)*》 중

흔히 '화병 난다'고 합니다. 괴테는 이 감정의 메커니즘을 정확히 꿰뚫어 보았습니다. 그는 시기심을 '수동적'인 것으로, 증오를 '능동적'인 것으로 구별했습니다.

누군가가 부러워서 배가 아픈 것은 내 의지와 상관없이 일어나는 반응일 수 있습니다. 하지만 증오는 다릅니다. 그것은 내가 내 마음의 에너지를 적극적으로 태워서 유지해야 하는 감정입니다.

즉, 누군가를 미워한다는 것은 내 안에 스스로 장작을 넣고 불을 지피는 행위와 같습니다. 그 불은 상대를 태우기 전에, 불을 품고 있는 나 자신을 먼저 숯검정으로 만들어버립니다.

증오만큼 가성비 나쁜 감정 노동은 없습니다. 나를 갉아먹는 그 '능동적인 불쾌함'을 멈추십시오. 내 안의 불을 끄는 유일한 방법은 더 이상 장작을 넣지 않는 것입니다.

좋은 사람 곁이 편안한 이유

"마음의 예의라는 것이 있다.
이는 사랑과 닮아 있다.

가장 편안하고 자연스러운 예의는
바로 그 마음에서 솟아난다."

*Es gibt eine Höflichkeit des Herzens;
sie ist der Liebe verwandt. Aus ihr entspringt
die bequemste Höflichkeit des äußern Betragens.*

— 소설 《친화력 *(Die Wahlverwandtschaften)*》 중

우리는 종종 예의를 '형식'이나 '매너'로 착각합니다. 인사하는 각도, 수저를 놓는 위치, 높임말의 규칙 같은 것들 말이죠. 하지만 괴테는 그건 껍데기일 뿐이라고 단호하게 말합니다.

진짜 예의는 학습되는 것이 아니라, 상대방을 아끼는 마음에서 저절로 우러나오는 것입니다. 괴테는 이것을 '마음의 예의'라고 불렀습니다. 상대를 존중하는 마음이 가득 차 있으면, 굳이 매너를 배우지 않아도 행동 하나하나가 조심스럽고 부드러워집니다. 그것이 가장 '편안한' 예의입니다.

마음은 차가운 채 겉으로만 깍듯한 예절은 상대를 불편하게 만듭니다. 예의가 아니라 연기이기 때문입니다.

당신의 예의는 어디서 출발합니까? 매뉴얼입니까, 아니면 마음입니까? 진정한 품격은 화려한 제스처가 아니라, 타인을 향한 따뜻한 마음이 거울처럼 행동으로 비쳐 나올 때 완성됩니다.

황량한 세상이

사람 사는 정원이 될 때

"우리와 마음이 통하는 누군가가
이 세상 어딘가에 있다는 사실을 아는 것,
그것이 비로소 이 지구를
사람이 사는 정원으로 만들어 준다네."

Hier und da jemand zu wissen,

der mit uns übereinstimmt,

das macht uns dieses Erdenrund

erst zu einem bewohnten Garten.

―《샤를로테 폰 슈타인 부인에게 보낸 편지》 중

혼자 바라보는 풍경은 그저 차가운 물질에 불과합니다. 아무리 웅장한 산과 강, 화려한 도시가 있어도 그 안에 내 마음을 알아주는 사람이 없다면, 그 세상은 텅 빈 무대와 같습니다.

괴테는 말합니다. 삭막한 지구를 비로소 사람이 살만한 따뜻한 정원으로 바꾸는 마법은, 바로 '나와 마음이 통하는 한 사람'의 존재라고요.

당신의 세상은 지금 황량한 황무지입니까, 아니면 꽃이 피는 정원입니까? 우리가 누군가와 진정으로 연결될 때, 차갑던 세상은 비로소 온기를 띠고 우리를 품어주는 안식처가 됩니다.

그러니 기다리지 말고 당신이 먼저 누군가에게 다가가십시오. 척박한 마음에 다정한 안부의 씨앗을 심을 때, 당신의 세상도, 누군가의 세상도 비로소 꽃향기 가득한 정원으로 다시 태어날 것입니다.

현명한 자는

적에게서도 배운다

"친구들은 자신들이 솔직하다고 말한다.
그러나 실제로 솔직한 것은 적들이다."

Die Freunde nennen sich aufrichtig.

Die Feinde sind es.

—《격언과 성찰 (Maximen und Reflexionen)》중

우리는 칭찬에는 쉽게 취하고, 비판에는 쉽게 분노합니다. 하지만 괴테는 우리가 진짜 귀담아들어야 할 말은 달콤한 위로가 아니라, 적들이 쏟아내는 차가운 독설 속에 있다고 말합니다.

친구의 조언에는 '정'이라는 필터가 끼어 있습니다. 하지만 적들의 공격에는 필터가 없습니다. 그들은 정확히 나의 가장 아픈 곳, 내가 감추고 싶었던 부족함을 찌릅니다. 그래서 기분이 나쁩니다. 하지만 기분이 나쁘다는 건, 그 말이 '진실'에 닿아 있다는 증거이기도 합니다. 괴테는 이 문장 뒤에 이런 말을 덧붙였습니다.

"그러므로 우리는 적의 비난을 자신을 아는 기회로 삼아야 한다. 마치 쓴 약처럼."

몸에 좋은 약은 입에 쓴 법입니다. 적의 비난을 나를 고치는 쓴 약으로 꿀꺽 삼키십시오. 그 후에 당신은 누구도 넘볼 수 없는 단단한 사람으로 거듭날 것입니다.

사랑이라는 이름의 지배

"나를 좋아한다고 자랑하고
나를 사랑했던 모든 이들은,
그저 나를 지배하고 싶었을 뿐이다.
그것은 내게 언제나 끔찍한 일이었다."

Jeder, der sich mir rühmte,

gewogen zu sein, und mich liebte,

Wollte mich nur beherrschen;

das war mir immer ein Graus.

— 시 《사계 (Vier Jahreszeiten)》 중

우리는 사랑하는 사람을 소유하고 싶어 합니다. 하지만 그 소유욕이 선을 넘으면 '폭력'이 됩니다. 괴테는 뼈 있는 한마디를 던집니다.

"그들은 나를 사랑한 게 아니라, 지배하고 싶어 했다"

이는 수많은 숭배자가 괴테를 있는 그대로 바라봐주기보다, 본인들이 원하는 '이상적인 괴테'의 틀에 억지로 끼워 맞추려 했던 것에 대한 환멸을 토로한 것입니다. 상대를 내 기준에 맞추려 하는 순간, 사랑은 질식합니다. "왜 내 말대로 안 해?"라는 말속에는 상대를 독립된 인격체가 아닌 부속품으로 보는 오만이 숨어 있습니다.

진정한 존중은 '그럼에도 불구하고 인정하는 것'입니다. 나와 다름을, 내 뜻 같지 않음을 허용하는 것입니다.

당신은 어떻습니까? 상대를 당신의 틀 안에 가두고 있습니까, 더 넓은 세상으로 나아가도록 날개를 달아주고 있습니까? 사랑은 족쇄가 아니라 날개가 되어야 합니다.

타인의 허물은

덮어줄 때 사라진다

"만약 우리가 사람을 있는 그대로만 대한다면,
우리는 그들을 더 나쁘게 만드는 것이다.
그러나 우리가 그들을 마땅히 되어야 할
사람인 것처럼 대한다면, 우리는 그들을
마땅히 도달해야 할 곳으로 이끄는 것이다."

Wenn wir die Menschen nur nehmen, wie sie sind,

so machen wir sie schlechter;

wenn wir sie behandeln, als wären sie, was sie sein sollten,

so bringen wir sie ahin,

wohin sie zu bringen sind.

― 소설 《빌헬름 마이스터의 수업시대》 중

우리는 흔히 "나는 솔직한 게 좋아"라며 상대의 단점이나 허물을 지적하곤 합니다. 그것이 상대를 고쳐줄 것이라 믿으면서요. 하지만 괴테의 생각은 다릅니다. 허물을 꼬집어서 "너는 원래 이런 사람이야"라고 규정하는 순간, 상대는 정말로 그 수준에 머물거나 반발심으로 더 나빠집니다.

허물을 사라지게 하는 가장 현명한 방법은, 역설적이게도 그 허물이 없는 것처럼 대해주는 것입니다. 마치 상대가 이미 훌륭하고 성숙한 사람인 것처럼 존중하고 믿어주십시오.

사람은 타인의 기대에 부응하려는 본능이 있습니다. 당신이 덮어준 그 허물의 자리에 당신이 보내준 신뢰가 채워질 때, 상대는 스스로 그 기대에 어울리는 사람이 되기 위해 노력합니다. 누군가를 변화시키고 싶습니까? 지적이 아니라, 믿음으로 그 허물을 덮으십시오.

인간은 고귀하고,
도움이 되며, 선해야 한다

"인간은 고귀하고, 도움이 되며, 선해야 한다!
왜냐하면 오직 그것만이 우리가 아는
모든 존재와 인간을 구별 짓기 때문이다."

Edel sei der Mensch, hilfreich und gut!
Denn das allein unterscheidet
ihn von allen Wesen, die wir kennen.

— 시 《신성 (Das Göttliche)》 중

자연은 친절하지도, 불친절하지도 않습니다. 태양은 악인과 선인을 가리지 않고 비추며, 달과 별은 그저 무심하게 빛날 뿐입니다.

괴테는 이 무심한 대자연 속에서 오직 인간만이 할 수 있는 유일한 기적이 바로 '친절'이라고 말합니다.

다른 생명체는 본능대로 살아가지만, 인간은 본능을 거슬러 타인을 돕고, 고귀한 선택을 할 수 있습니다. 우리가 누군가에게 대가 없이 선의를 베풀 때, 우리는 단순히 착한 행동을 하는 것이 아니라 우리 자신이 '인간임'을 증명하는 것입니다.

친절은 배워서 하는 말이 아닙니다. 영혼의 언어입니다. 당신의 행동이 따뜻하다면, 그 온기는 언어의 장벽도, 마음의 벽도 뚫고 상대에게 전달될 것입니다. 오직 인간만이 인간을 구원할 수 있습니다.

젊은 날의 사랑은 열병이고,

노년의 사랑은 헌신이다

"자발적인 의존은
지상에서 가장 아름다운 상태다.
그리고 그것은 오직
사랑을 통해서만 가능하다."

Freiwillige Abhängigkeit ist der schönste Zustand,

und wie wäre der möglich ohne Liebe?

— 소설 《친화력 *(Die Wahlverwandtschaften)*》 중

젊은 시절 괴테에게 사랑은《젊은 베르테르의 슬픔》처럼 통제 불가능한 열병이었습니다. 하지만 인생의 황혼기에 접어든 그는 사랑을 '자발적인 의존'으로 새롭게 정의합니다.

우리는 흔히 '독립'을 강인함으로 여기지만, 괴테는 나의 자유를 기꺼이 양도하고 스스로 그 사람에게 매이기를 선택하는 것이야말로 인간이 도달할 수 있는 '가장 아름다운 상태'라고 말합니다.

억지로 굴복하는 의존은 비굴함이지만, 신뢰를 바탕으로 한 자발적 의존은 위대한 용기입니다. 서로가 서로에게 튼튼한 기둥이 되어주는 것, 이것이 괴테가 발견한 사랑의 완성입니다.

미성숙한 사랑은 불꽃처럼 금세 재가 되지만, 성숙한 사랑은 두 나무가 서로 얽혀 자라듯 끝까지 함께 버텨주는 것입니다. 당신의 사랑은 지금 어떤 모습입니까?

우정은 묵은 포도주처럼

시간이 빛는다

"오래된 친구들이
새로운 친구보다 나은 점은,
그들이 지나간 과거를 현재처럼
생생하게 되살려준다는 것이다."

Ältere Freunde haben vor neuen das voraus,

daß sie uns die Vergangenheit vergegenwärtigen.

— 자서전 《시와 진실 (Dichtung und Wahrheit)》 중

[Editor's Note]

새로운 친구는 신선한 자극과 설렘을 줍니다. 하지만 그들은 '지금의 나'만 알뿐, 내가 어떤 과정을 거쳐 여기까지 왔는지는 알지 못합니다.

괴테는 친구를 '시간이 빚어낸 산물'로 보았습니다. 오래된 친구와 마주 앉으면, 굳이 설명하지 않아도 잊고 있던 나의 옛 모습, 순수했던 시절, 치열했던 고민들이 마치 어제 일처럼 되살아납니다. 그들은 단순한 말벗이 아니라, 나의 역사를 증명해 주는 살아있는 도서관이자 박물관입니다.

포도주가 오래될수록 깊은 향을 내는 이유는 그 안에 흐른 '시간' 때문입니다. 우정 또한 마찬가지입니다. 서운한 점이 있어도 섣불리 끊어내지 마십시오. 그 친구와 함께 보낸 그 긴 시간은 돈으로도, 노력으로도 다시 살 수 없는 당신의 소중한 자산입니다.

설명하지 말고, 보여주라

> **"형상화하라, 예술가여!
> 말하지 마라! 그대의 시는
> 오직 하나의 숨결이어야 한다."**
>
> *Bilde, Künstler! Rede nicht!*
> *Nur ein Hauch sei dein Gedicht.*
>
> — 시집 《예술 (Kunst)》 중

말이 길어진다는 것은, 작품이 부족하다는 뜻입니다. 괴테는 예술가들에게 **"말하지 말고, 그저 빚어내라!"**고 일갈했습니다. 진정한 걸작은 구차한 해설을 필요로 하지 않습니다. 보는 순간 압도되는 '단 한 번의 숨결', 그 아우라만으로 충분하기 때문입니다.

우리 인생도 마찬가지입니다. '내가 어떤 사람인지', '내 계획이 무엇인지' 말로 설득하려 애쓰지 마십시오. 말이 앞설수록 당신의 가치는 가벼워집니다. 백 마디 말로 쌓은 성은 바람에 쉽게 무너지지만, 묵묵한 행동으로 다진 길은 세월이 흘러도 남습니다. 세상은 당신의 시끄러운 '주장'이 아니라, 눈앞에 놓인 단단한 '증거'만을 신뢰합니다.

진짜 고수는 입을 다물고 오직 '결과물'로 증명합니다. 당신의 삶이 구구절절한 설명문이 아니라, 침묵 속에서도 빛나는 한 편의 시가 되게 하십시오.

사람을 키우는 건
비판이 아니라 응원이다

"가르침은 많은 것을 해내지만,
격려는 모든 것을 해낸다."

Lehre tuht viel,

aber Aufmunterung thut alles.

—《오에저에게 보낸 편지 (Brief an A. F. Oeser)》 1768년 11월 9일

우리는 누군가가 더 나은 사람이 되기를 바라는 마음에 쓴 소리를 아끼지 않습니다. "다 너 잘되라고 하는 소리야"라며 부족한 점을 지적하고, 올바른 길을 가르치려 듭니다. 물론 그 지적에도 효과는 있습니다. 하지만 괴테는 **"가르침은 '많은 것'을 하지만, 격려는 '모든 것'을 한다"**라고 단호하게 말합니다.

지적은 머리를 끄덕이게 할 수는 있어도 가슴을 뛰게 하지는 못합니다. 사람을 진정으로 움직이고 변화시키는 힘은 "너는 틀렸다"는 차가운 비판이 아니라, "너는 할 수 있다"는 뜨거운 믿음에서 나옵니다.

꽃은 찬바람이 아니라 따뜻한 햇살 아래서 피어납니다. 당신의 소중한 사람을 꽃피우고 싶다면, 날카로운 선생님이 되기보다 따뜻한 응원단장이 되어주십시오. 고쳐주려는 노력보다 믿어주는 마음 하나가 훨씬 더 위대한 기적을 만듭니다.

그가 어떤 사람인지 알고 싶다면,
그가 무엇을 사랑하는지 보라

"말해 달라, 자네가 누구와 어울리는지.
그러면 자네가 어떤 사람인지 말해주겠다.

내가 자네가 무엇에 몰두해 있는지 안다면,
자네가 무엇이 될 수 있는지 알 수 있다."

Sage mir, mit wem du umgehst,

so sage ich dir, wer du bist;

weiß ich, womit du dich beschäftigst,

so weiß ich, was aus dir werden kann.

—《격언과 성찰 *(Maximen und Reflexionen)*》중

우리는 누군가를 파악할 때 그 사람의 직함이나 배경, 혹은 그가 하는럴싸한 말을 봅니다. 하지만 괴테는 그 모든 것을 걷어내고 딱 두 가지를 보라고 합니다. "누구를 만나는가?" 그리고 "무엇에 시간을 쓰는가?"

사람은 자신이 사랑하고 좋아하는 것과 닮아갑니다. 향기를 좋아하는 사람에게선 향기가 나고, 돈만 좇는 사람에게선 돈 냄새가 나며, 지혜를 사랑하는 사람에게선 깊이가 느껴집니다. 당신이 지금 열렬히 사랑하고 몰두하고 있는 그것이 바로 미래의 당신 모습입니다.

자신이 어떤 사람인지 헷갈립니까? 거울을 보는 대신 당신의 일주일, 당신의 카드 명세서, 당신의 유튜브 시청 기록을 보십시오. 당신이 사랑하는 그것들이 모여 '당신'이라는 사람을 설명하고 있습니다.

질투는 열등감이

보내는 신호다

"타인의 뛰어난 장점에 대해
우리가 취할 수 있는 유일한 구제책은,
그것을 사랑하는 것뿐이다."

Gegen große Vorzüge eines andern

gibt es kein Rettungsmittel als die Liebe.

— 소설 《친화력 (Die Wahlverwandtschaften)》 중

누군가가 나보다 잘났다는 사실을 마주할 때, 마음속에서 뜨거운 것이 치밀어 오릅니다. 그것이 바로 질투입니다. 질투는 기본적으로 '상대가 나보다 우월하다'는 패배감, 즉 열등감에서 비롯됩니다.

괴테는 이 괴로운 감정에서 탈출할 수 있는 '구제책'은 단 하나밖에 없다고 단언합니다. 상대를 끌어내리거나 무시하는 것이 아닌 "그 사람의 장점을 사랑해 버리는 것"입니다.

상대를 경쟁자로 보면 그의 성공은 나의 실패가 되지만, 상대를 사랑해 버리면 그의 성공은 곧 나의 기쁨이 됩니다. 질투가 난다는 것은 당신이 그를 이길 수 없음을 무의식중에 인정했다는 신호입니다.

그렇다면 방법은 하나입니다. 그 뛰어남을 인정하고 박수 쳐 주십시오. 질투를 존경과 사랑으로 바꾸는 순간, 당신은 열등감의 감옥에서 해방되어 그의 장점을 흡수할 수 있는 자유를 얻게 됩니다.

관계를 망치는 범인은
'악의'가 아니라 '오해'다

"오해와 태만은, 어쩌면 교활함이나 악의보다
세상에 더 많은 혼란을 일으킨다.
최소한 교활함과 악의는
그보다 훨씬 드무니까."

Mißverständnisse und Trägheit machen vielleicht

mehr Irrungen in der Welt als List und Bosheit.

Wenigstens sind die beiden letzteren gewiß seltener.

— 소설 《젊은 베르테르의 슬픔》 중

우리는 인간관계에서 상처를 입으면 상대방의 의도를 의심합니다. "나를 무시해서 그런 거야", "나를 멕이려고 그런 거야"라며 상대에게 '악의'가 있을 것이라 단정 짓죠.

하지만 괴테는 관계를 망치는 진짜 주범은 악한 마음이 아니라, '사소한 오해'와 '관계를 돌보지 않는 태만'이라고 꼬집습니다.

실제로 나쁜 마음을 먹고 남을 해치려는 사람은 드뭅니다. 대부분의 갈등은 내 마음을 제대로 표현하지 않아서, 혹은 귀찮아서 설명을 생략했기 때문에 발생합니다.

누군가가 미워지려 할 때 기억하십시오. 그 사람은 당신을 공격하려던 게 아니라, 그저 조금 서툴거나 게을렀을 뿐일지도 모릅니다. '악의'라는 프레임을 거두고 '오해'를 풀려고 다가갈 때, 꼬인 관계의 실타래는 의외로 쉽게 풀립니다.

가까이 있는 사람을 기쁘게 하라,

멀리 있는 사람이 다가오리니

"너는 언제까지 멀리서 헤매려느냐?
보라, 좋은 것은 아주 가까이 있다.
다만 행복을 잡는 법을 배우라,
행복은 언제나 거기에 있으니."

Willst du immer weiter schweifen?

Sieh, das Gute liegt so nah.

Lerne nur das Glück ergreifen,

Denn das Glück ist immer da.

— 시 《기억 (Erinnerung)》 전문

우리는 종종 '진짜 내 사람들', '진짜 행복', '진짜 성공'이 어딘가 먼 곳에 따로 있을 거라 착각합니다. 그래서 지금 내 옆에 있는 가족, 동료, 친구에게 소홀하고, 아직 오지 않은 미래의 인맥을 찾아 헤맵니다. 하지만 괴테는 묻습니다.

"왜 자꾸 먼 곳을 기웃거리는가?"

좋은 것은 결코 멀리 있지 않습니다. 바로 당신의 식탁 맞은편, 당신의 사무실 옆자리, 오늘 당신이 만난 그 사람 속에 있습니다. 지금 당신 곁에 있는 사람을 기쁘게 하지 못하면서, 멀리 있는 누군가를 감동시킬 수는 없습니다.

행복은 '찾으러 가는 것'이 아니라, 지금 내 옆에 있는 것을 '움켜쥐는 것'입니다. 내 주변을 먼저 따뜻하게 만드십시오. 그 온기가 퍼져나가면, 멀리 있던 사람들도 그 훈훈한 기운을 찾아 당신에게 모여들 것입니다.

사랑은 마주 보는 것이 아니라

같은 곳을 보는 것이다

"내 노래에서 느껴지지 않는가?
내가 하나이면서 동시에 둘이라는 것이."

Fühlst du nicht an meinen Liedern,

Daß ich eins und doppelt bin?

— 시집 《서동시집 (West-östlicher Divan)》 중

1815년, 괴테는 연인에게 은행나무 잎을 건네며 이 시를 읊었습니다. 은행잎은 하나의 줄기에서 나왔지만 끝이 둘로 갈라져 마치 두 장처럼 보입니다. 괴테는 여기서 '하나이면서 동시에 둘'인 사랑의 원형을 발견했습니다.

우리는 사랑을 '서로 마주 보는 것'이라 생각하지만, 괴테에게 사랑은 자아를 없애는 맹목적인 합일이 아닙니다. 두 개의 잎(개인)이 각자의 차이를 온전히 유지하면서도, 하나의 잎자루(같은 운명)를 공유하는 것입니다.

사랑은 서로를 옭아매는 게 아니라, 각자의 궤도를 돌며 같은 곳을 바라보는 것입니다. 따로 떨어져선 불완전하지만 함께일 때 온전해지는 은행잎처럼 말입니다.

당신의 사랑은 어떻습니까? 서로의 차이를 없애려 마주 보고 싸우고 있습니까, 아니면 다름을 인정한 채 같은 곳을 향해 가지를 뻗어가고 있습니까?

비난은 쉽고 이해는 어렵다

"오류를 찾는 것은 진리를 찾는 것보다 쉽다.
오류는 표면에 있어 누구나 금방 찾아내지만,
진리는 깊이 숨어 있어 그것을 찾아내는 것은
아무나 할 수 있는 일이 아니기 때문이다."

Es ist viel leichter, einen Fehler zu finden,

als die Wahrheit. Jener liegt auf der Oberfläche,

und damit wird man bald fertig;

diese ruht in der Tiefe, und danach zu forschen

ist nicht jedermanns Sache.

—《격언과 성찰 (Maximen und Reflexionen)》중

우리는 타인을 너무나 쉽게 평가합니다. "저 사람은 저게 문제야", "말투가 왜 저래?" 비난은 쉽습니다. 왜냐하면 상대의 결점은 대부분 '표면'에 드러나 있기 때문입니다. 눈에 보이는 대로 지적하는 것은 어린아이도 할 수 있는 일입니다.

하지만 그 사람을 진정으로 '이해'하는 것은 어렵습니다. 왜냐하면 한 사람의 본심과 사정은 저 깊은 심연 속에 숨겨져 있기 때문입니다. 그 깊은 곳까지 내려가려면 숨을 참는 인내와, 어둠을 응시하는 관심, 그리고 내 판단을 유보하는 용기가 필요합니다.

남을 비난하고 싶을 때 기억하십시오. 당신이 지금 보고 있는 것은 빙산의 일각, 즉 표면의 껍데기일 뿐입니다. 얕은 물가에서 남의 흠을 잡는 비평가가 되기보다, 깊은 물속으로 들어가 진실을 캐내는 잠수부가 되십시오. 이해란, 그 깊은 수고로움을 기꺼이 감수하는 것입니다.

자신의 가치를
누리는 유일한 방법

"너 자신의 가치를 기쁘게 누리고 싶은가?
그렇다면 세상에 가치를 부여하라."

Willst du dich deines Wertes freuen,

So mußt du der Welt Wert verleihen.

― 시집 《온순한 크세니엔 *(Zahme Xenien)*》 중

우리는 종종 '내 것'을 움켜쥐고 있을 때 내가 부유해진다고 착각합니다. 내 지식, 내 돈, 내 재능을 남에게 주면 내 몫이 줄어든다고 생각하기 때문입니다. 하지만 괴테는 정반대의 진실을 말합니다.

"네가 가진 가치를 기쁘게 누리고 싶으냐? 그렇다면 그것을 세상에 내어주어라."

창고에 쌓아둔 금은 돌덩이와 다를 바 없지만, 그것이 세상 밖으로 나와 누군가에게 쓰일 때 비로소 '가치'를 발휘합니다. 재능도 마찬가지입니다. 나만 알고 있는 재능은 고독한 자위행위에 불과하지만, 타인을 위해 쓰이는 순간 빛나는 '능력'이 됩니다.

근본적으로 따져볼 때, 우리에게 진정으로 남는 것은 금고에 넣어둔 것이 아니라, 세상에 기꺼이 내어준 것들입니다. 당신이 세상에 가치를 부여할 때, 세상도 당신을 가치 있는 존재로 대우할 것입니다.

신뢰는 유리와 같아서
한번 깨지면 붙이기 어렵다

"결코 건드려서는 안 되는 관계들이 있다.
왜냐하면 그것들은
다시는 복구할 수 없기 때문이다."

Es gibt Verhältnisse, die man nicht stören darf,

weil man sie nicht wiederherstellen kann.

—소설 《빌헬름 마이스터의 편력시대》 중

세상에는 고쳐 쓸 수 있는 것이 있고, 고쳐 쓸 수 없는 것이 있습니다. 기계나 물건은 고치면 되지만, 사람과 사람 사이의 '신뢰'는 한번 깨지면 원상복구가 불가능합니다.

괴테는 이를 **"복구할 수 없다"**는 단호한 표현으로 못 박았습니다. 깨진 유리를 접착제로 붙일 수는 있습니다. 하지만 그 유리는 더 이상 예전의 투명하고 매끄러운 유리가 아닙니다. 빛을 비추면 흉터처럼 남은 크랙이 언제나 그 자리에 보일 것입니다.

"미안해, 실수였어"라는 말로 모든 것이 덮어질 거라 생각하지 마십시오. 사과는 상처를 멈추게 할 수는 있어도, 이미 생긴 흉터를 없애지는 못합니다. 소중한 관계일수록 유리잔을 다루듯 조심해야 합니다. 잃어버린 신뢰를 되찾는 데는 평생이 걸리거나, 혹은 영영 불가능할지도 모르니까요.

고마움을 모르는 것은 마음이 가난하다는 증거다

"배은망덕은 언제나 일종의 '나약함'이다.
나는 훌륭한 사람이 은혜를 모르는 것을
결코 본 적이 없다."

Undank ist immer eine Art Schwäche.

Ich habe nie gesehen,

daß tüchtige Menschen undankbar gewesen wären.

—《격언과 성찰 (Maximen und Reflexionen)》 중

우리는 배은망덕한 사람을 보면 '못된 사람'이라고 욕합니다. 하지만 괴테는 그들을 '약한 사람'이라고 불렀습니다.

남에게 받은 도움을 인정하고 고개를 숙이는 데에는 생각보다 큰 자존감과 용기가 필요합니다. 마음이 가난하고 열등감에 찬 사람들은 남에게 빚을 졌다는 사실을 견디지 못합니다. 그래서 고마움을 표하는 대신, "그 정도는 당연한 거야"라고 깎아내리거나 아예 기억에서 지워버림으로써 자신의 비참함을 숨기려 합니다.

반면, 내면이 꽉 찬 유능한 사람은 감사를 표현하는 데 인색하지 않습니다. 그들은 남의 도움을 인정해도 자신의 가치가 훼손되지 않는다는 것을 알기 때문입니다.

고마움을 모르는 것은 성격이 나쁜 것이 아니라, 영혼이 허약하다는 증거입니다. 밥을 준 주인을 무는 개보다 못한 사람이 되지 마십시오. 감사는 강한 자만이 누릴 수 있는 특권입니다.

말은 마음의 초상화다

"너희가 마음으로 느끼지 않는다면,
결코 남의 마음을 움직일 수 없다."

Wenn ihr's nicht fühlt,
ihr werdet's nicht erjagen.

— 희곡 《파우스트 (Faust)》 중

괴테의 제자 바그너는 "어떻게 하면 말을 잘해서 사람들을 휘어잡을 수 있습니까?"라고 묻습니다. 화려한 수사법이나 연설 기술을 배우고 싶었던 것이죠. 하지만 괴테(파우스트)의 대답은 냉정했습니다.

"느끼지 못하면, 잡지 못한다."

말은 입에서 나오는 바람이 아니라, 마음에서 흘러나오는 물입니다. 그 사람의 내면이 빈곤하면 아무리 화려한 단어로 포장해도 그 말은 공허하게 들립니다. 반면, 투박하고 어눌해도 그 안에 진심이 담긴 말은 듣는 이의 가슴에 정확히 꽂힙니다.

말이 거칠다면 마음이 거친 것이고, 말이 차갑다면 마음이 식은 것입니다. 말을 고치려 애쓰기보다 마음을 먼저 들여다보십시오. 말은 마음이 그리는 초상화이기에, 원판인 마음이 아름다워야 말도 아름다워집니다.

서로 다름을 인정할 때

조화가 시작된다

"한 가지 옷이 모든 사람에게 맞지는 않는다.
각자 자신의 방식대로 행하고,
각자 자신의 자리를 지키라."

Eines schickt sich nicht für alle!

Sehe jeder, wie er's treibe,

Sehe jeder, wo er bleibe.

— 시 《다짐 (Beherzigung)》 중

관계에서 일어나는 불협화음의 대부분은 '다름'을 '틀림'으로 받아들이기 때문에 생깁니다. "너는 왜 나처럼 생각하지 않아?", "왜 내 방식대로 하지 않아?"라며 상대를 내 틀에 억지로 끼워 맞추려 할 때, 관계는 삐걱거리기 시작합니다. 괴테는 말합니다.

"한 가지가 모두에게 맞을 수는 없다."

세상은 거대한 오케스트라와 같습니다. 바이올린은 바이올린 소리, 팀파니는 팀파니 소리를 내야 웅장한 교향곡이 됩니다. 만약 모두 똑같은 소리를 강요받는다면, 그것은 조화가 아닌 소음이나 지루한 반복일 뿐입니다.

상대가 나와 다르다는 것은 화를 낼 일이 아니라 감사해야 할 일입니다. 그 다름이 우리 사이를 다채롭게 채워주기 때문입니다. 나를 잃지 않으면서도 상대를 인정하는 것, 그 거리감이 가장 아름다운 조화를 만듭니다.

"그림자가 짙다는 것은

빛이 강하다는 증거다."

4장

어둠 속에서 별을 보는 시간

(고난과 회복)

고통의 크기는
신의 사랑의 크기다

"무한하신 신들은
자신이 아끼는 자들에게
모든 것을 온전하게 주신다.
모든 기쁨을 무한히 주시고,
모든 고통 또한 무한히 주신다."

Alles geben die Götter, die unendlichen,

Ihren Lieblingen ganz,

Alle Freuden, die unendlichen,

Alle Schmerzen, die unendlichen, ganz.

— 시 《신들에게 (An die Götter)》 전문

인생에 감당하기 힘든 시련이 닥칠 때, 우리는 하늘을 원망하며 묻습니다. "왜 하필 나입니까? 내가 무엇을 잘못했기에 이런 벌을 주십니까?"

하지만 젊은 날의 괴테는 이 짧은 시를 통해 우리의 통념을 뒤집습니다. 고통은 벌이 아니라, 오히려 신이 당신을 '아끼는 자'로 선택했다는 증거라는 것입니다.

신은 무한한 존재이기에, 기쁨을 줄 때도 넘치도록 주지만, 아픔을 줄 때도 뼈가 저리도록 줍니다. 즉, 당신이 지금 느끼는 고통이 거대하다면, 그것은 당신이 그만큼 거대한 기쁨도 담을 수 있는 큰 그릇이라는 뜻입니다.

지금 당신의 삶이 고통으로 출렁이고 있나요? 절망하지 마십시오. 그것은 신이 당신을 미워해서가 아니라, 당신의 인생을 위대하고 장엄하게 완성해가고 있다는 신호입니다. 무한한 고통을 견딘 자만이, 훗날 무한한 기쁨의 주인이 됩니다.

눈물 젖은 빵을 먹어보지 않은 자와는

인생을 논하지 말라

"눈물 젖은 빵을 먹어보지 않은 사람,
수많은 고통의 밤을 침대 맡에 앉아
울며 지새워보지 않은 사람,
그는 천상의 힘을 알지 못한다."

Wer nie sein Brot mit Tränen aß,

Wer nie die kummervollen Nächte

Auf seinem Bette weinend saß,

Der kennt euch nicht, ihr himmlischen Mächte.

— 소설 《빌헬름 마이스터의 수업시대》 중

[Editor's Note]

인생에는 말이나 지식으로는 도저히 배울 수 없는 영역이 있습니다. 그것은 바로 '고통의 무게'입니다. 괴테는 삶의 진실이 화려한 파티장이나 평온한 서재가 아니라, 눈물로 축축해진 빵 조각을 씹으며 견디는 비참한 순간에 숨겨져 있다고 말합니다.

배가 고파서 먹는 빵이 아니라, 살기 위해 억지로 삼키는 눈물 섞인 빵. 그리고 내일이 오는 것이 두려워 침대 모서리에 걸터앉아 밤을 꼬박 새우는 절망. 그런 시간을 통과해본 사람만이 타인의 아픔에 공명할 수 있고, 삶이 주는 준엄한 가르침을 깨닫습니다.

지금 당신이 '눈물 젖은 빵'을 먹고 있다면, 당신이 불행해서가 아닙니다. 당신은 지금 인생이라는 거대한 신비에 입문하기 위한 가장 혹독하고도 고귀한 의식을 치르고 있는 것입니다. 그 시간을 견뎌낸 당신만이, 훗날 누군가에게 진정한 위로를 건넬 자격을 얻게 될 것입니다.

모든 것은 변한다

"비가 쏟아질 때마다
그대의 아름다운 골짜기는 변하고,
아, 그대는 같은 강물에
두 번 다시 몸을 담글 수 없다네."

Gleich mit jedem Regengusse

Ändert sich dein holdes Tal,

Ach, und in demselben Flusse

Schwimmst du nicht zum zweitenmal.

— 시 《변화 속의 지속 (Dauer im Wechsel)》 중

[Editor's Note]

괴테는 이 시에서 "세상 모든 것은 찰나의 순간에도 변한다" 고 노래했습니다. 어제의 나와 오늘의 내가 다르고, 흐르는 강물도 매 순간 새로운 물결입니다.

우리가 고통스러운 이유는 지금의 슬픔이나 시련이 영원히 박제될 것만 같은 공포 때문입니다. 하지만 괴테는 단호하게 말합니다.

"모든 것은 변화 속에 있다."

당신을 짓누르는 고통도, 당신을 잠 못 들게 하는 고민도 결국은 흐르는 강물처럼 당신을 지나쳐 갈 것입니다.

변화는 무서운 것이 아니라, 고통을 씻어내 주는 고마운 법칙입니다. 지금 힘들다면 이 말을 외워보십시오. "이 또한 지나가리라." 지나가지 않는 어둠은 없고, 변하지 않는 계절은 없습니다. 모든 것이 변한다는 사실만이, 우리가 유일하게 믿을 수 있는 영원한 진리입니다.

그림자가 짙다는 것은

빛이 그만큼 밝다는 뜻이다

"빛이 강한 곳에는 어디에나
짙은 그림자가 드리우는 법이다."

Wo viel Licht ist, ist starker Schatten.

— 희곡 《괴츠 폰 베를리힝엔 *(Götz von Berlichingen)*》 중

우리는 삶에서 마주하는 '그림자'를 두려워합니다. 실패, 이별, 좌절이라는 이름의 어둠이 드리우면 인생이 통째로 캄캄해진 것만 같은 기분에 휩싸이죠. 하지만 괴테는 우리에게 발밑의 어둠이 아니라 머리 위의 '빛'을 보라고 말합니다.

그림자는 스스로 존재할 수 없습니다. 그림자가 생기기 위해서는 반드시 뒤에서 비추는 강렬한 빛이 있어야 합니다. 즉, 당신의 삶에 짙은 그림자가 드리웠다는 것은 당신의 인생 어딘가에 그만큼이나 강렬하고 눈부신 빛이 비추고 있다는 가장 확실한 증거입니다.

성공의 열망이 크기에 실패의 그림자가 짙은 것이고, 사랑의 깊이가 깊기에 이별의 그림자가 아픈 것입니다. 지금 당신을 괴롭히는 그 짙은 어둠을 보며 절망하지 마십시오. 오히려 고개를 들어 그 어둠을 만들어낸 당신 안의 거대한 빛을 확인하십시오. 그림자가 짙을수록, 당신은 그만큼 빛에 가까이 서 있는 것입니다.

죽고 다시 태어나는 법을 배워라

"죽어서 새롭게 되지 않는 한,
너는 이 어두운 지상에서
단지 슬픈 나그네일 뿐이다."

Und so lang du das nicht hast,

Dieses: Stirb und werde!

Bist du nur ein trüber Gast

Auf der dunklen Erde.

— 시 《복된 갈망 (Selige Sehnsucht)》 중

뱀은 성장하기 위해 자신의 살을 찢는 고통을 견디며 허물을 벗습니다. 만약 그 고통이 두려워 낡은 허물 속에 그대로 머문다면, 뱀은 성장이 멈춘 채 서서히 죽어가게 됩니다.

괴테가 남긴 가장 강력한 명령 **"죽어라 그리고 되어라"**는 바로 이 이치입니다.

여기서 죽음은 육체적 소멸이 아닙니다. 나태함, 낡은 고집, 과거의 영광이라는 껍질을 깨부수고 새로운 자아로 거듭나라는 영적인 탈피를 의미합니다.

변화는 언제나 고통을 동반합니다. 하지만 그 껍질을 깨고 나오는 아픔을 겪지 않는다면, 우리는 평생 이 땅 위를 정처 없이 떠도는 슬픈 나그네에 머물 것입니다.

지금 겪는 시련은 당신의 날개를 억누르던 껍질이 부서지는 소리입니다. 기꺼이 그 허물을 벗고, 다시 태어나십시오.

즐기거나 견디거나

"즐길 수 있을 때는 즐기고,
견뎌야 할 때는 견뎌라."

Genieße, wenn du kannst,

und leide, wenn du mußt.

— 시집 《운문 격언 (Sprüche in Reimen)》 중

[Editor's Note]

인생은 날씨와 같습니다. 맑은 날이 있으면 흐린 날이 있고, 폭풍우가 치는 날이 있습니다. 괴테는 이 변화무쌍한 삶의 리듬을 타는 아주 단순한 비결을 제시합니다.

"즐길 수 있을 땐 즐기고, 견뎌야 할 땐 견뎌라."

우리가 불행한 이유는 이 박자를 거스르기 때문입니다. 즐겨야 할 봄날에는 다가올 겨울을 걱정하느라 즐기지 못하고, 견뎌야 할 겨울에는 왜 따뜻하지 않냐며 봄을 찾아 헤맵니다.

고통의 시간에 억지로 웃으려 하지 마십시오. 그때는 그저 묵묵히 견디는 것이 답입니다. 반대로 기쁨의 순간이 오면, 나중에 닥칠 불행을 미리 당겨와서 걱정하지 말고 온전히 그 기쁨을 만끽하십시오.

지금 당신의 계절은 무엇입니까? 그 계절에 맞는 옷을 입으십시오. 비를 맞으며 걷는 법을 배운 사람만이, 훗날 떠오르는 무지개를 온전히 즐길 수 있습니다.

겨울이 없다면
봄은 그리 즐겁지 않을 것이다

"세상의 모든 것은 참고 견뎌낼 수 있다.
단 하나, '계속 이어지는 좋은 날들'만 빼고."

Alles in der Welt läßt sich ertragen,

Nur nicht eine Reihe von schönen Tagen.

— 시집 《운문 격언 (Sprüche in Reimen)》 중

우리는 매일이 봄날이기를, 매일이 행복하기를 기도합니다. 하지만 괴테는 아주 짓궂고도 날카로운 통찰을 던집니다. **"사람은 다 참을 수 있어도, 매일매일 좋은 날이 계속되는 것만큼은 못 참는다"**라고 말입니다.

겨울의 매서운 추위가 없었다면, 봄햇살의 따스함은 그저 지루한 '더위'에 불과했을 것입니다. 배고픔 없는 식사가 맛이 없듯, 시련 없는 행복은 권태일 뿐입니다. 우리가 봄을 '환희'라고 부를 수 있는 유일한 이유는, 우리가 혹독한 겨울을 지나왔기 때문입니다.

지금 당신의 인생이 춥고 시린 겨울이라면 안심하십시오. 그것은 다가올 봄을 가장 완벽하게 즐기기 위한 미각을 돋우는 시간입니다. 반대로, 지금 너무 평온하다면 경계하십시오. 굴곡 없는 평탄함이야말로 영혼을 가장 빨리 시들게 만드는 독약일지 모릅니다.

시련은 영혼을 단련하는 망치다

지배하고 이기거나,
아니면 복종하고 져야 한다.
고통받거나 승리하거나, 모루가 되거나,
아니면 망치가 되어야 한다."

Du mußt herrschen und gewinnen,

Oder dienen und verlieren,

Leiden oder triumphieren,

Amboß oder Hammer sein.

— 시《콥트의 노래 (Koptisches Lied)》중

대장간에서 쇠를 단련하는 풍경을 떠올려 보십시오. 뜨거운 불에 달궈진 쇠는 '망치'의 매서운 타격을 견디며 강철이 됩니다. 이때 밑에서 묵묵히 매를 맞는 것은 '모루'이고, 위에서 주도적으로 모양을 만드는 것은 '망치'입니다.

괴테는 인생이 이와 같다고 말합니다. 세상은 우리를 가만히 두지 않습니다. 끊임없이 시련이라는 망치로 우리를 내리칩니다. 이때 우리는 선택해야 합니다. 그저 맞기만 하며 고통받는 모루로 남을 것인가, 아니면 시련을 통해 더 단단해져서 내 운명을 스스로 두드리는 망치가 될 것인가?.

시련이 당신을 때리고 있습니까? 아프다고 비명만 지르지 마십시오. 그것은 당신을 부수려는 것이 아니라, 당신을 불순물 없는 순수한 강철로 제련하는 과정입니다. 맞아도 깨지지 않는 단단함을 얻는 순간, 당신은 운명의 희생자가 아닌 운명의 지배자가 될 것입니다.

희망은 모든 어둠을 삼키는 빛이다

"저 위에는 별들이, 저 아래에는 무덤이.
그러나 저편에서 외친다,
영혼들의 목소리가, 거장들의 목소리가.

끊임없이 선한 힘을 행하라!
우리는 너희에게 '희망'을 명하노라!"

Die Sterne drüber, Die Gräber drunter.

Doch rufen von drüben Die Stimmen der Geister,

Die Stimmen der Meister: Versäumt nicht zu üben

Die Kräfte des Guten! Wir heißen euch hoffen!

— 시 《상징 (Symbolum)》 중

괴테는 인생을 '별'과 '무덤' 사이를 걷는 여행이라고 보았습니다. 우리 눈앞에는 늘 죽음의 그림자와 실패의 어둠이 도사리고 있습니다. 이곳은 고요하고 때로는 공포스럽기까지 합니다.

하지만 괴테는 그 어둠 속에서 주저앉지 말라고 명령합니다. 대신 고개를 들어 머리 위의 별을 보고, 귀를 기울여 앞서간 인생의 스승들이 전하는 외침을 들으라고 합니다. 그 외침의 결론은 단 하나입니다.

"우리는 너희에게 희망을 명하노라."

희망은 단순히 "잘 될 거야"라고 비는 소극적인 바람이 아닙니다. 희망은 절망적인 상황에서도 선한 힘을 행하려는 의지이며, 어둠 속에서도 빛을 선택하겠다는 엄중한 명령입니다. 캄캄한 터널을 지날 때 가장 필요한 것은 지도가 아니라 손전등입니다. 희망이라는 빛을 끄지 마십시오. 그 빛만이 이 어둠을 삼키고 당신을 출구로 안내할 것입니다.

가장 어두운 시간은
해 뜨기 직전이다

"너, 대지여!
이 어두운 밤에도 변함없이 견뎌주었고,
내 발치에서 새 기운을 들이마시고 있구나.
너는 기쁨으로 나를 감싸며, 가장 높은 존재를
향해 노력하라는 강력한 결심을 일깨우는구나."

Du, Erde, warst auch diese Nacht beständig

Und atmest neuerquickt zu meinen Füßen,

Beginnest schon mit Lust mich zu umgeben,

Du regst und rührst ein kräftiges Beschließen,

Zum höchsten Dasein immerfort zu streben.

— 희곡 《파우스트 (Faust)》 중

《파우스트》 1부가 죄책감과 비탄이라는 칠흑 같은 어둠 속에서 끝났다면, 2부의 시작은 찬란한 '일출'입니다. 파우스트는 악몽 같은 밤을 보냈지만, 그가 깨어났을 때 대지는 아무 일도 없었다는 듯 싱그럽게 숨 쉬며 그에게 새로운 힘을 불어넣습니다.

새벽이 오기 직전, 세상은 가장 춥고 어둡습니다. 하지만 괴테는 그 시간이 '끝'이 아니라, 대지가 새 기운을 들이마시는 '준비의 시간'임을 보여줍니다. 밤이 깊었다는 것은 태양이 그만큼 가까이 왔다는 신호입니다.

당신이 지금 인생의 가장 어두운 밤을 보내고 있다면, 기억하십시오. 당신이라는 대지는 무너지지 않았습니다. 어둠 속에서도 당신의 심장은 뛰고 있었고, 이제 곧 떠오를 태양과 함께 당신은 "다시 시작하겠다"는 강력한 결심을 하게 될 것입니다. 지나간 밤을 탓하지 마십시오. 그 짙은 어둠이 있었기에 다가올 아침의 빛은 더욱 눈부실 것입니다.

넘어진 자리에서
무언가를 줍고 일어나라

"어떤 일에 대해 실수를 하고,
그 안에서 스스로 다시 진리를
찾아내는 것만큼 큰 성장은 없다."

Es dient zur höchsten Bildung,

wenn man sich in einer Sache irrt

und die Wahrheit daraus selbst wieder findet.

—《격언과 성찰 *(Maximen und Reflexionen)*》중

사람은 누구나 넘어집니다. 하지만 넘어진 후의 태도는 제각각입니다. 어떤 사람은 부끄러워하며 황급히 일어나 도망치고, 어떤 사람은 넘어진 자리에 앉아 흙 묻은 옷을 탓하며 웁니다.

괴테가 말하는 현자는 '넘어진 김에 땅에 떨어진 무언가를 줍고 일어나는 사람'입니다. 그는 실수를 저질렀다는 사실에 좌절하지 않습니다. 대신 그 실수 속에 숨겨진 '진리'를 찾아냅니다. "아, 여기 돌부리가 있었구나", "내가 너무 서둘렀구나" 하는 깨달음을 주워 주머니에 넣습니다.

그냥 일어나면 실수는 상처로 남지만, 무언가를 줍고 일어나면 실수는 '수업료'가 됩니다. 넘어진 그 자리가 바로 보물찾기를 할 장소입니다. 빈손으로 털고 일어나지 마십시오. 실패라는 비용을 지불했으니, 지혜라는 영수증이라도 반드시 챙겨서 일어나야 합니다.

고통이 남긴 자리는

지혜가 채운다

"우리는 '경험'을 얻기 위해
지나치게 비싼 대가를 치른다.
하지만 일단 그것을 얻고 나면,
값을 매길 수 없는 보물이 된다."

Man bezahlt den Erwerb der Erfahrung,

wenn man ihn recht bedenkt, immer zu teuer;

doch hat man ihn einmal,

so ist er auch unschätzbar.

—《격언과 성찰 (Maximen und Reflexionen)》중

우리는 인생에서 나쁜 일이 생길 때마다 "왜 하필 나에게 이런 일이?"라며 억울해합니다. 고통은 그저 잃어버리는 것, 손해보는 것이라고 생각하기 때문입니다.

하지만 괴테는 고통을 '구매 행위'로 보았습니다. 세상에 공짜가 없듯, '지혜'라는 아주 귀한 물건을 사기 위해서는 '고통'이라는 비싼 화폐를 지불해야만 합니다. 사랑의 지혜를 얻으려면 이별을 지불해야 하고, 성공의 지혜를 얻으려면 실패를 지불해야 합니다.

고통이 휩쓸고 지나간 자리는 텅 빈 채로 남지 않습니다. 당신이 흘린 눈물의 양만큼, 그 빈 공간은 세상의 이치를 깨닫는 깊은 지혜로 채워집니다. 비록 그 대가가 너무 비싸게 느껴질지라도 억울해하지 마십시오. 당신은 고통을 준 대신, 돈으로는 절대 살 수 없는 '인생의 비밀'을 얻었으니까요.

불가능해 보이는 일도
막상 하면 별것 아니다

"말은 나눌 만큼 나누었으니,
이제 제발 행동을 보여다오! …
오늘 하지 않는 일은
내일도 이뤄지지 않는다."

Der Worte sind genug gewechselt,

Laßt mich auch endlich Taten sehn! …

Was heute nicht geschieht, ist morgen nicht getan.

— 희곡 《파우스트 (Faust)》 중

[Editor's Note]

우리는 어떤 일을 시작하기도 전에 "이건 너무 어려워", "이건 불가능해"라며 겁을 먹습니다. 머릿속으로 시뮬레이션을 돌릴수록 문제는 눈덩이처럼 불어나고, 두려움은 거대한 벽이 됩니다. 하지만 괴테는 답답해하며 외칩니다.

"말은 그만하고, 제발 그냥 해!"

막상 시작해 보면 거대해 보였던 문제는 별것 아닌 경우가 많습니다. 불가능이라는 유령은 우리의 상상이 만들어낸 허상일 뿐, 행동이라는 빛을 비추면 순식간에 사라지기 때문입니다. 아무리 높은 산도 첫발을 떼면 그저 '걷는 길'이 될 뿐입니다.

완벽한 계획을 세우느라 오늘을 흘려보내지 마십시오. 오늘 저지르지 않으면, 내일의 기적도 없습니다. 일단 시작하십시오. 그러면 당신의 정신이 달아오르고, 마침내 그 일을 해내게 될 것입니다.

겁쟁이는 죽기 전에
여러 번 죽는다

"만약 내가 죽음을 걱정하기 위해
살아야 한다면, 그 삶은 나에게
더 이상 삶이 아니다."

Wenn ich nur leben soll,

um auf den Tod zu denken,

so ist das Leben mir kein Leben mehr.

— 희곡 《에그몬트 (Egmont)》 중

세익스피어는 **"겁쟁이는 죽기 전에 여러 번 죽는다"**라고 했습니다. 일어날지도 모를 불행을 미리 걱정하며 매일매일 공포 속에서 죽어간다는 뜻입니다.

괴테의 생각도 같았습니다. 희곡 속 영웅 에그몬트는 감옥에 갇혀 처형을 앞둔 상황에서도, 다가올 죽음을 미리 당겨와서 걱정하기를 거부합니다. 그에게 중요한 것은 '언제 죽느냐'가 아니라 '지금 살아있느냐'였기 때문입니다.

우리는 종종 실패가 두려워 아무것도 하지 못하고, 이별이 두려워 사랑을 주저합니다. 하지만 두려움 때문에 움츠러든 시간은 살아있어도 죽은 시간과 다름없습니다. 걱정은 내일의 슬픔을 덜어주는 것이 아니라, 오늘의 힘만 앗아갈 뿐입니다.

불행이 닥치면 그때 겪어내면 됩니다. 미리 겁먹고 마음속으로 수십 번 장례를 치르지 마십시오. 오늘을 온전히 사는 것, 그것이 죽음을 이기는 유일한 방법입니다.

주저하는 마음에는
신들도 돕지 않는다

"모든 난관에 맞서 꿋꿋이 버티고,
절대로 굽히지 않고 힘 있게 자신을 보여라.
그것이 신들의 도움을 불러오는 길이다."

Allen Gewalten zum Trutz sich erhalten,

Nimmer sich beugen, kräftig sich zeigen,

Rufet die Arme der Götter herbei.

— 시 《다짐 (Beherzigung)》 중

우리는 종종 완벽한 때와 행운이 찾아오기를 기다리며 시작을 미룹니다. 하지만 괴테는 단호합니다. **"순서가 틀렸다"**는 것입니다. 주저함은 신중함이 아니라, 스스로의 가능성을 갉아먹는 녹과 같습니다. 당신이 두려움에 떨며 뒤로 물러서면, 기회 또한 당신을 보고 뒷걸음질 칠 뿐입니다.

신들은 겁먹고 주저하는 자에게는 관심이 없습니다. 대신 난관에 맞서 '힘 있게 자신을 드러내는 자'에게만 반응합니다. 당신이 먼저 용기를 낼 때, 비로소 신들도 팔을 걷어붙이고 도우러 온다는 뜻입니다.

운명이 길을 비켜주길 기다리지 마십시오. 당신이 대담하게 덤벼들어야 운명도 당신을 파트너로 인정합니다. 결단하고, 저지르고, 버티십시오. 한 발짝 내딛는 그 순간, 세상의 모든 에너지가 당신을 돕기 위해 움직이기 시작할 것입니다. 망설임을 멈추고 당신의 존재감을 증명하십시오. 행운은 그때 당신의 편에 설 것입니다.

목표에 가까워질수록

고난은 커진다

"목표에 가까워질수록,
어려움은 더욱 커지는 법이다."

Die Schwierigkeiten wachsen,

je näher man dem Ziele kommt.

—소설 《친화력 (Die Wahlverwandtschaften)》 중

등산을 해본 사람은 압니다. 산 입구보다 정상 바로 밑의 '깔딱고개'가 가장 숨이 차고 힘들다는 것을요.

우리는 무언가를 포기하고 싶을 때 "내 능력이 부족한가 봐", "이 길은 아닌가 봐"라고 생각합니다. 하지만 괴테는 전혀 다른 진단을 내립니다.

그는 이 문장을 통해, 막판에 닥치는 어려움이야말로 '완성'을 위한 필연적인 과정임을 역설했습니다.

당신이 지금 가장 힘들다면, 그것은 당신이 길을 잘못 든 게 아니라 '정상'에 거의 다 왔다는 증거입니다. 게임의 최종 보스가 가장 강력하듯, 인생의 목표 또한 성취되기 직전에 가장 큰 시련을 던져 우리를 시험합니다. 여기서 돌아서면 그동안의 노력은 물거품이 됩니다.

숨이 턱 끝까지 차오르고 장애물이 거대해 보입니까? 기뻐하십시오. 그것은 실패의 신호가 아니라, 성취가 바로 코앞에 있다는 가장 확실한 신호입니다.

흔들리는 것은
당신이 살아있다는 증거다

"생명의 물결 속에서, 행동의 폭풍 속에서,
나는 위아래로 출렁이며 이리저리 오간다.
그렇게 나는 요란한 '시간의 베틀'에서
신의 살아있는 옷을 짠다."

In Lebensfluten, im Tatensturm
Wall ich auf und ab, Webe hin und her! ...
So schaff ich am sausenden Webstuhl der Zeit
Und wirke der Gottheit lebendiges Kleid.

— 희곡 《파우스트 (Faust)》 중

심전도 모니터를 떠올려 보십시오. 삐- 하고 일자로 뻗은 평온한 선은 '죽음'을 의미합니다. 반면, 격렬하게 요동치는 선은 심장이 뛰고 있다는 '생명'의 신호입니다.

괴테가 묘사한 생명의 본질도 이와 같습니다. 위아래로 출렁이고, 이리저리 오가는 그 흔들림이야말로 살아있는 존재의 특권입니다. 바위는 바람에 흔들리지 않지만, 나무와 갈대는 바람에 몸을 맡기고 흔들립니다.

지금 당신의 삶이 불안정하게 흔들리고 있나요? 미래의 걱정으로 마음이 요동치나요? 불안해하지 마십시오. 그것은 당신이 잘못 살고 있다는 뜻이 아니라, 당신의 영혼이 치열하게 생동하고 있다는 가장 확실한 증거입니다.

흔들림을 멈추려 애쓰지 마십시오. 멈추는 순간은 오직 죽음 이후뿐입니다. 살아있는 한 우리는 계속 흔들려야 합니다. 그 요동침이 바로 당신이 지금 인생이라는 베틀 위에서 당신만의 옷을 짜고 있는 동작이니까요.

폭풍우 속에서도
새는 노래한다

"나는 나뭇가지에
깃들어 사는 새처럼 노래하네.
목청에서 터져 나오는 그 노래만이
내게 가장 풍요로운 보상이라네."

Ich singe, wie der Vogel singt,

Der in den Zweigen wohnet.

Das Lied, das aus der Kehle dringt,

Ist Lohn, der reichlich lohnet.

— 소설 《빌헬름 마이스터의 수업시대》 중

이 문장을 선정한 이유는, 제목의 '새'라는 비유와 가장 완벽하게 일치하는 괴테의 명구이기 때문입니다. 소설 속 '하프 타는 노인'은 비극적인 운명과 방랑이라는 거대한 폭풍우 속에 서 있습니다. 하지만 그는 외부의 불행에 침묵하지 않고, 나뭇가지 위의 새처럼 노래함으로써 자신의 존엄을 지켜냅니다.

폭풍우가 몰아친다고 해서 새가 노래하는 법을 잊지는 않습니다. 비바람은 새의 깃털을 적실 수는 있어도, 그 목청 안에 있는 노래까지 빼앗을 수는 없기 때문입니다.

우리 인생도 마찬가지입니다. 고난은 우리를 흔들 수 있지만, 삶의 태도까지 파괴할 수는 없습니다. 진정한 평화는 폭풍우가 없는 곳이 아니라, 그 한가운데서도 자신의 노래를 부를 수 있는 마음속에 있습니다. 당신은 환경의 지배를 받는 노예가 아니라, 어떤 날씨에도 노래할 수 있는 자유로운 새입니다. 당신의 노래를 멈추지 않는 한, 폭풍은 결코 당신을 이길 수 없습니다.

과거의 후회로

현재를 낭비하지 마라

"조급함은 아무짝에도 쓸모없고,
후회는 더더욱 쓸모없다.
조급함은 잘못을 늘리고,
후회는 새로운 잘못을 낳을 뿐이다."

Nichts taugt Ungeduld,

noch weniger Reue.

Jene vermehrt die Schuld,

diese schafft neue.

—《시집《온순한 크세니엔 (Zahme Xenien)》》중

많은 명언들이 "과거를 잊으라"고 단순히 조언하지만, 괴테의 이 격언은 '후회'가 왜 나쁜지를 경제적 관점에서 해부하고 있어 더욱 설득력 있게 다가옵니다. 그는 후회를 단순한 감정 소모가 아니라, '새로운 죄를 짓는 행위'로 정의했습니다.

과거의 실수 때문에 괴로워하며 오늘을 흘려보내고 있습니까? 괴테의 계산법에 따르면 그것은 '이중 손해'입니다. 과거의 실수는 이미 벌어진 일인데, 그것을 후회하느라 오늘 해야 할 일을 놓치는 것은 현재의 시간마저 죽이는 '새로운 잘못'을 저지르는 셈이기 때문입니다.

후회는 반성이 아닙니다. 반성은 앞으로 나아가게 하지만, 후회는 제자리에 주저앉혀 땅만 파게 만듭니다. 이미 엎질러진 물을 보고 우느라, 지금 손에 들고 있는 물병마저 놓치지 마십시오. 과거의 빚을 갚는 유일한 방법은 자책이 아니라, 오늘을 충실히 사는 것입니다.

슬픔을 견디는 유일한 방법은 일에 몰두하는 것이다

"병든 마음을 고치는 가장 확실한 수단은,
바로 눈앞에 있는 일에 관심을 가지고,
매일매일의 과업을 묵묵히 행하는 것이다."

*Das sicherste Mittel, eine krankhafte Einbildung zu heilen, ist:
sich für das Nächstliegende zu interessieren
und sich an die Aufgaben des Tages zu gewöhnen.*

— 소설 《빌헬름 마이스터의 수업시대》 중

이 문장은 "슬픔은 생각할수록 깊어지고, 움직일수록 옅어진다"는 심리적 진실을 꿰뚫고 있어 선정했습니다. 괴테는 우울이나 슬픔을 '병적인 상상'으로 보았는데, 이를 치료하는 약으로 거창한 철학이 아닌 '가장 가까이 있는 일'을 제시한 점이 매우 현실적인 울림을 줍니다.

큰 슬픔이 닥치면 우리는 아무것도 손에 잡히지 않는 무력감에 빠집니다. 방구석에 누워 천장만 바라보면 슬픔은 괴물처럼 커져 우리를 집어삼킵니다. 이때 우리를 구원하는 것은 위대한 깨달음이 아니라 설거지, 청소, 밀린 업무 같은 사소한 '오늘의 의무'들입니다.

일에 몰두하는 순간만큼은 슬픔이 비집고 들어올 틈이 사라집니다. 괴테 자신도 친구나 가족을 잃은 큰 슬픔 앞에서 언제나 "일을 하자"라고 되뇌며 책상으로 돌아갔다고 합니다.

슬프다면 움직이십시오. 일을 처리해 나가는 단순한 반복이 무너진 마음을 지탱해 주는 기둥이 될 것입니다.

인생은 살아있는 자의 몫이다

"인생은 살아있는 자의 몫이며,
살아있는 자는 모든 변화에 대비해야 한다."

Das Leben gehört den Lebenden an,

und wer lebt, muß auf Wechsel gefaßt sein

— 소설 《빌헬름 마이스터의 편력시대》 중

우리는 무언가를 잃었을 때, 시간이 멈춘 것처럼 그 자리에 주저앉습니다. 사랑하는 사람을 떠나보냈거나, 믿었던 프로젝트가 실패했거나, 건강을 잃었을 때, 우리는 '이대로 끝'이라고 생각하며 과거 속에 머물려 합니다. 하지만 괴테는 냉정하리만큼 명확하게 선을 긋습니다.

"인생은 살아있는 자의 것이다."

죽은 것은 죽은 것이고, 잃어버린 것은 잃어버린 것입니다. 당신이 지금 숨을 쉬고 있다면, 당신에게는 아직 감당해야 할 몫의 '삶'이 남아 있습니다. 살아있다는 것은 곧 '변화'를 겪어내야 한다는 뜻입니다.

꽃이 지면 열매가 맺히고, 밤이 지나면 아침이 오듯, 상실 또한 삶이 겪는 변화 중 하나일 뿐입니다. 애도는 충분히 하되 그 슬픔이 당신의 남은 생명력까지 갉아먹게 두지는 마십시오. 당신은 다시 시작할 의무가 있습니다. 변화를 두려워 말고, 빈손이 된 그 손으로 새로운 내일을 움켜쥐십시오.

절망의 벽을 넘는 날개

"구름 뒤덮인 하늘,
안개와 빗줄기 속에서도
희망은 우리를 들어 올린다.
그녀와 함께, 그녀의 날개에 힘입어."

Aus Wolkendecke, Nebel, Regenschauer

Erhebt sie uns, mit ihr, durch sie beflügelt.

— 시 《근원적인 말들 (Urworte. Orphisch)》 중

노년의 괴테는 인생을 지배하는 다섯 가지 거대한 힘을 시로 정리했습니다. 타고난 '성품', '우연', '사랑', 그리고 피할 수 없는 '필연'. 이 네 가지 힘은 우리를 옭아매고, 운명 안에 가둡니다. 하지만 괴테는 마지막 다섯 번째 힘을 남겨두었습니다. 바로 '희망'입니다.

이 시에서 괴테는 희망을 그저 막연한 낙관이 아니라, 운명의 단단한 벽마저 뚫고 나가는 '날개'로 묘사했습니다. 인생이 구름과 안개로 뒤덮여 한 치 앞도 보이지 않을 때, 억수같은 비가 쏟아져 주저앉고 싶을 때, 우리를 그 진흙탕 위로 들어 올리는 유일한 힘은 희망입니다.

당신의 눈앞이 캄캄하다면, 그것은 끝이 아니라 날아오를 때가 되었다는 신호입니다. 운명이 당신에게 벽을 세웠다면, 신은 당신에게 희망이라는 날개를 달아주었습니다. 펴십시오. 구름 위에는 여전히 태양이 빛나고 있습니다.

인내는 쓰지만

그 열매는 달다

"저렇게 바보처럼 구는 포도즙일지라도,
결국에는 좋은 와인이 되는 법이다."

Wenn sich der Most auch ganz absurd gebärdet,

Es gibt zuletzt doch noch e' Wein.

— 희곡 《파우스트 (Faust)》 중

이 대사가 탁월한 이유는, 인내의 시간을 단순히 '고통스러운 대기'가 아니라, '가치 있는 것으로 변해가는 화학적 반응'으로 묘사했기 때문입니다. 갓 짠 포도즙은 불순물이 섞여 탁하고, 거품을 내뿜으며 부글거립니다. 겉보기엔 바보 같고 혼란스러워 보입니다.

하지만 그 불안정한 발효의 시간이 없다면, 포도즙은 결코 깊은 향을 내는 와인이 될 수 없습니다. 우리 인생도 마찬가지입니다. 무언가를 이루기 위해 애쓰는 과정은 늘 지저분하고, 시끄럽고, 고통스럽습니다. 때로는 나 자신이 한심해 보이기까지 합니다.

그러나 조급해하지 마십시오. 지금 당신이 겪는 그 혼란과 쓴맛은 실패의 징조가 아니라, 당신이라는 원석이 와인처럼 무르익어가고 있다는 증거입니다. 인내는 쓴 포도즙을 단 와인으로 바꾸는 마법의 시간입니다. 뚜껑을 덮고 조금만 더 기다리십시오. 곧 향기로운 술을 맛보게 될 것입니다.

당신의 상처를 별로 만들어라

"인간은 고통 속에서 침묵하지만,
신은 나에게 내가 얼마나 고통스러운지를
말할 수 있는 힘을 주셨다."

Und wenn der Mensch in seiner Qual verstummt,

Gab mir ein Gott, zu sagen, wie ich leide.

— 희곡 《토르콰토 타소 (Torquato Tasso)》 중

"고통을 어떻게 처리할 것인가?"에 대한 괴테의 답변 중, 이보다 더 숭고하고 예술적인 결론은 없기에 선정했습니다. 보통 사람들은 고통이 닥치면 입을 다물고 어둠 속으로 숨습니다. 하지만 괴테는 그 고통을 언어로, 노래로, 예술로 끄집어내어 '말하게' 함으로써 자신을 구원합니다.

진주조개는 자신의 살을 파고드는 모래알의 고통을 견디며 영롱한 진주를 만들어냅니다. 상처가 없으면 진주도 없습니다. 당신의 인생에 새겨진 흉터와 아픔은 감추어야 할 부끄러운 얼룩이 아닙니다. 그것은 당신만이 낼 수 있는 빛, 당신만이 할 수 있는 이야기의 원천입니다.

상처받은 채로 침묵하지 마십시오. 그 아픔을 기록하고, 표현하고, 무언가 새로운 것을 만드는 에너지로 바꾸십시오. 그때 당신의 쓰라린 상처는 밤하늘에 박힌 별처럼 단단하고 빛나는 보석이 될 것입니다. 고통이 '별'이 되는 순간, 비로소 시련은 끝이 납니다.

자연은 서두르는 법이 없다.
그런데도 모든 것을 이룬다."

5장

자연처럼 유유히 흐르는 삶

(지혜와 통찰)

자연은

결코 장난을 치지 않는다

"자연은 농담을 이해하지 못한다.
자연은 언제나 진실하고,
언제나 진지하며, 언제나 엄격하다.
자연은 늘 옳다.
오류와 잘못은 언제나 인간의 몫이다."

Die Natur versteht keinen Spaß,

sie ist immer wahr, immer ernst, immer strenge;

sie hat immer Recht,

und die Fehler und Irrtümer sind immer des Menschen.

—《에커만과의 대화 (Gespräche mit Eckermann)》 중

이 문장을 첫머리에 둔 이유는, 인간의 오만함을 경계하고 '순리'를 따르는 것이 지혜의 시작임을 알리는 괴테의 선언과도 같기 때문입니다. 괴테에게 자연은 단순히 감상할 풍경이 아니라, 한 치의 오차도 없이 돌아가는 거대한 법칙이자 신성이었습니다.

우리는 종종 일이 뜻대로 되지 않으면 "운이 나쁘다"거나 "세상이 나를 속였다"고 불평합니다. 하지만 자연은 결코 우리를 속이거나 장난치지 않습니다. 콩을 심은 데서 팥이 나는 법은 없으며, 겨울이 오지 않고 봄이 오는 법도 없습니다.

문제가 생겼다면 그것은 자연이 변덕을 부려서가 아니라, 우리가 자연의 법칙을 무시했거나 잘못 이해했기 때문입니다. 자연은 늘 옳습니다. 그러니 억지를 부려 흐름을 거스르지 마십시오. 강물이 바다로 흐르듯, 자연의 엄격한 질서에 나를 맞출 때 삶은 가장 자연스럽고 편안하게 흘러갑니다.

아름답게 늙어간다는 것은
하나의 예술이다

"나이 든다는 것은 새로운 '사업'을
맡는 것이다. 모든 상황이 변하기에,
우리는 의지와 의식을 가지고
새로운 역할을 받아들여야 한다."

*Alt werden heißt selbst ein neues Geschäft antreten;
alle Verhältnisse verändern sich, und man muß mit Willen und
Bewußtsein das neue Rollenfach übernehmen.*

—《격언과 성찰 (Maximen und Reflexionen)》중

흔히 나이 듦을 '내려놓음'이나 '은퇴'로만 생각하기 쉽지만, 괴테는 이를 '새로운 비즈니스의 시작'이라고 역설적으로 표현했습니다. 이 비유가 매력적인 이유는, 노년을 '아무것도 안 해도 되는 시기'가 아니라 '새로운 기술과 노력이 필요한 전문적인 시기'로 격상시키기 때문입니다.

젊음은 자연이 거저 준 선물이지만, 늙음은 우리가 스스로 빚어내야 하는 예술 작품입니다. 체력이 떨어지고 기억력이 감퇴하는 변화된 환경 속에서, 품위를 잃지 않고 지혜로운 어른이라는 '새로운 배역'을 소화해 내기 위해서는 치열한 연습과 의식이 필요합니다.

그저 시간의 흐름에 몸을 맡기지 마십시오. 아름답게 늙는다는 것은 저절로 되는 것이 아니라, 매일매일 내 영혼을 갈고 닦아야만 얻을 수 있는 고도의 기술입니다. 당신의 노년이 하나의 훌륭한 예술이 되도록, 오늘이라는 캔버스에 정성껏 색을 입히십시오.

죽음은 끝이 아니라
변화일 뿐이다

"나는 우리의 영혼이 파괴될 수 없는
본성임을 확신한다. 영혼은 태양과 같다.
태양은 단지 우리 육안에만 지는 것처럼
보일 뿐, 실제로는 결코 지지 않고
끊임없이 빛나고 있다."

Ich bin der ganz festen Überzeugung,

daß unser Geist ein Wesen ist ganz unzerstörbarer Natur.

Er ist der Sonne ähnlich, die bloß unseren

irdischen Augen unterzugehen scheint,

die aber eigentlich nie untergeht,

sondern unaufhörlich fortleuchtet.

—《에커만과의 대화 (Gespräche mit Eckermann)》중

괴테가 죽음을 바라보는 이 따뜻하고도 장엄한 시선은, 소멸의 공포 앞에서 떨고 있는 인간에게 가장 거대한 위로를 건넵니다. 그는 죽음을 '불이 꺼지는 것'이 아니라, '지평선 너머로 이동하는 것'으로 정의했습니다.

저녁이 되어 태양이 서산으로 넘어가면 우리 눈에는 어둠이 찾아옵니다. 하지만 우리는 알고 있습니다. 태양이 사라진 게 아니라, 지구 반대편을 비추러 갔을 뿐이라는 사실을 말입니다. 태양 입장에서 '일몰'은 존재하지 않습니다. 오직 영원한 '대낮'만이 있을 뿐입니다.

죽음도 이와 같습니다. 사랑하는 사람이 우리 곁을 떠나는 것은 그 존재가 사라진 것이 아니라, 우리의 육안이 닿지 않는 곳으로 자리를 옮긴 것뿐입니다. 삶과 죽음은 단절이 아니라, 밤과 낮처럼 이어져 있는 하나의 거대한 순환입니다. 이별을 너무 영원한 슬픔으로 여기지 마십시오. 그 태양은 지금도 어딘가에서 여전히 찬란하게 빛나고 있습니다.

젊음은 자연의 선물이지만,

늙음은 예술작품이다

"민중이나 노예나 정복자나,
모든 시대의 사람들이 고백하건대,
이 지상의 자녀들이 누릴 수 있는
최고의 행복은 오직 '인격'뿐이다."

Volk und Knecht und Überwinder,

Sie gestehn zu jeder Zeit:

Höchstes Glück der Erdenkinder

Sei nur die Persönlichkeit.

— 시집 《서동시집 *(West-östlicher Divan)*》 중

이 시구는 '나이 드는 것'을 '쇠락'이 아닌 '완성'의 과정으로 정의하고 있어, 제목의 의미를 가장 깊이 있게 대변합니다. 괴테가 말한 '인격'은 단순히 착한 성품을 뜻하는 게 아니라, 평생에 걸친 경험과 지혜로 다듬어진 '완성된 자아'를 의미하기 때문입니다.

젊음은 우리가 노력해서 얻은 것이 아닙니다. 그것은 자연이 잠깐 빌려준 싱그러운 원석일 뿐입니다. 하지만 늙음은 다릅니다. 주름진 얼굴 속에 담긴 온화함, 시련을 통과한 뒤의 여유, 흔들리지 않는 소신은 자연이 거저 주는 것이 아닙니다. 그것은 치열한 인생이라는 망치와 정으로 스스로를 깎아 만든 조각품입니다.

그러니 나이 드는 것을 서글퍼하지 마십시오. 젊음이 '자연의 선물'이라면, 당신의 기품 있는 노년은 당신 스스로 창조해 낸 위대한 '예술 작품'입니다. 박물관의 명작이 세월이 흐를수록 가치를 더하듯, 당신이라는 작품도 시간이 갈수록 더 깊은 빛을 낼 것입니다.

모든 순간이
신의 축복임을 깨달아라

"전체 안에서 기쁨을 맛보고 싶다면,
가장 작은 것 안에서
그 전체를 볼 줄 알아야 한다."

Willst du dich am Ganzen erquicken,
So mußt du das Ganze im Kleinsten erblicken.

— 시집 《운문 격언 *(Sprüche in Reimen)*》 중

이 짧은 격언은 '거창한 기적이 아닌, 일상 속에 신의 축복이 숨어 있다'는 진리를 담고 있습니다. 괴테에게 '전체'는 곧 우주이자 신이었습니다. 그는 신을 만나기 위해 굳이 거대한 성전을 찾을 필요가 없다고 말합니다. 작은 꽃잎 하나, 아침에 마시는 물 한 잔 속에 이미 우주의 신비가 담겨 있기 때문입니다.

우리는 종종 '대박'이나 '극적인 반전'만이 신의 축복이라 착각합니다. 그래서 평범한 이 순간들을 지루해하거나 무가치하게 여깁니다. 하지만 바다를 보려면 물방울을 봐야 하듯, 행복이라는 거대한 축복을 누리려면 지금 내 앞에 놓인 작고 사소한 순간들을 소중히 여겨야 합니다.

지금 당신의 심장이 뛰는 것, 창가에 햇살이 비치는 것, 사랑하는 사람과 밥을 먹는 것. 이 모든 평범한 순간이 사실은 우주가 당신을 위해 공들여 준비한 기적입니다. 가장 작은 순간 속에 숨어 있는 신의 윙크를 발견하십시오. 그때 당신의 모든 시간은 축복으로 빛날 것입니다.

진리는 새로 만드는 것이 아니라, 이미 있는 것을 잡는 것이다

"진리는 이미 오래전에 발견되었고,
고귀한 영혼들을 하나로 묶어주었다.
그 오래된 진리를, 그저 꽉 붙잡으라."

Das Wahre war schon längst gefunden,

Hat edle Geisterschaft verbunden;

Das alte Wahre, faß es an!

— 시 《유산 (Vermächtnis)》 중

우리는 인생의 해답을 찾기 위해 늘 새로운 것, 획기적인 것, 남들이 모르는 특별한 비법을 찾아 헤맵니다. 서점에 쏟아져 나오는 수많은 자기계발서와 새로운 이론들이 그 증거입니다. 하지만 괴테는 죽음을 앞두고 남긴 시《유산》에서 담담하게 고백합니다.

"진리는 이미 오래전에 다 발견되었다."

성실하게 살라, 남을 사랑하라, 현재에 충실하라… 우리가 '뻔하다'고 무시했던 그 오래된 가르침들이 사실은 진짜 진리였다는 것입니다. 진리는 발명하는 것이 아니라, 이미 존재하는 것을 재발견하는 것입니다.

괴테는 말합니다. **"그 오래된 진리를 꽉 붙잡으라."** 파랑새를 찾아 먼 길을 떠나지 마십시오. 수천 년을 이어온 그 '오래되고 단순한 진리' 속에, 당신이 찾는 모든 답이 이미 들어 있습니다.

삶은 들이마심과
내뱉음의 반복이다

"숨을 쉬는 데는 두 가지 은총이 있다.
숨을 들이마시는것과 내뱉는 것.
마시는 것은 긴장을 주고,
내뱉는 것은 휴식을 준다.
삶은 이토록 경이롭게 섞여 있는 것이다."

Im Athemholen sind zweierlei Gnaden:

Die Luft einziehn, sich ihrer entladen;

Jenes bedrängt, dieses erfrischt;

So wunderbar ist das Leben gemischt.

— 시집 《서동시집 (West-östlicher Divan)》 중

우리는 숨을 쉬지 않으면 살 수 없습니다. 괴테는 이 지극히 자연스러운 생리 현상에서 인생을 관통하는 위대한 법칙을 발견했습니다. 바로 '리듬'입니다.

숨을 들이마시는 것이 있으면, 반드시 내뱉는 것이 있어야 합니다. 계속 들이마시기만 하면 폐가 터져 죽고, 계속 내뱉기만 하면 숨이 막혀 죽습니다.

그런데 우리는 종종 인생에서 '들이마시는 것'만 하려 듭니다. 더 많이, 더 높이, 더 팽팽하게 긴장하려 합니다. 내뱉는 시간을 아까워하고 두려워합니다.

하지만 괴테는 긴장과 이완이 교차하는 것이야말로 삶이 가진 '경이로운 혼합'이라고 말합니다.

지금 숨이 가쁘고 답답합니까? 그렇다면 당신은 너무 오랫동안 욕심껏 들이마시기만 했을지도 모릅니다. 어깨에 힘을 빼고 숨을 길게 내뱉으십시오. 비워야 다시 채울 수 있는 것, 그것이 자연스러운 삶의 이치입니다.

세상은 하나의 거대한 비밀이다

"사유하는 인간에게
가장 아름다운 행복은,

알 수 있는 것은
끝까지 탐구하고,
알 수 없는 것은
평온하게 경외하는 것이다."

Das schönste Glück des denkenden Menschen ist,

das Erforschliche erforscht zu haben

und das Unerforschliche ruhig zu verehren.

—《격언과 성찰 (Maximen und Reflexionen)》중

[Editor's Note]

과학과 이성을 중시했던 괴테조차도 세상에는 인간의 머리로 이해할 수 없는 영역이 존재함을 인정했습니다. 이 문장은 '아는 것'과 '모르는 것' 사이의 균형을 잡아주기에 지혜의 정수라 할 만합니다.

우리는 세상의 모든 비밀을 다 풀어헤치고 싶어 합니다. 모르는 것이 있으면 불안해하고, 정답이 없으면 답답해합니다. 하지만 괴테는 탐구할 수 없는 거대한 비밀 앞에서는 분석을 멈추고 그저 '경외'하라고 조언합니다.

밤하늘의 끝이 어디인지, 생명이 어디서 와서 어디로 가는지 우리는 다 알 수 없습니다. 그 거대한 '모름'을 억지로 해석하려 들지 않고, 신비로운 비밀로 남겨둘 때 삶은 더욱 깊고 풍요로워집니다.

세상은 풀어야 할 숙제가 아니라, 감탄해야 할 신비입니다. 이해할 수 없는 일들 앞에서 고개를 숙이는 것, 그것이 인간이 가질 수 있는 가장 높은 지성입니다.

가지는 것보다
버리는 것이 더 위대하다

"참아라! 너는 참아야만 한다!
이것이 영원한 노래다.
우리는 매 순간, 평생토록
쉰 목소리로 이 노래를 듣는다."

Entbehren sollst du! sollst entbehren!

Das ist der ewige Gesang,

Den unser ganzes Leben lang

Uns jede Stunde heiser krächzt.

— 희곡 《파우스트 (Faust)》 중

세상은 우리에게 끊임없이 '더 가지라'고 속삭입니다. 더 좋은 차, 더 넓은 아파트, 더 많은 연봉이 행복의 조건이라고 세뇌합니다. 욕망에는 브레이크가 없습니다.

하지만 괴테는 파우스트 박사의 입을 빌려 우리에게 정반대의 주문을 겁니다. 'Entbehren!' 이 독일어는 단순히 '참으라'는 뜻을 넘어, 불필요한 것을 '내려놓다', '단념하다'는 적극적인 비움을 의미합니다.

괴테는 인간이 불행한 이유는 부족해서가 아니라, 너무 많은 것을 움켜쥐려 하기 때문이라는 사실을 알고 있었습니다. 끝없는 욕망의 추구는 결국 영혼의 고갈로 이어집니다.

진정한 자유는 "내가 무엇을 더 가질 수 있는가"가 아니라, "내가 무엇 없이도 살 수 있는가"를 깨닫는 순간 찾아옵니다. 오늘 당신의 삶을 무겁게 짓누르는 것들을 점검해 보십시오. 그 내려놓음이야말로, 소유의 감옥에서 탈출하는 유일한 열쇠입니다.

내 안에는
두 개의 내가 살고 있다

"두 개의 영혼이,
아! 내 가슴속에 살고 있다.
하나는 다른 하나와 떨어지려고
안간힘을 쓰는구나."

Zwei Seelen wohnen, ach! in meiner Brust,
Die eine will sich von der andern trennen.

— 희곡 《파우스트 (Faust)》 중

《파우스트》에서 가장 유명한 이 독백은 인간 내면의 영원한 갈등을 상징합니다. 괴테는 인간을 '하나의 통일된 자아'로 보지 않았습니다. 우리 안에는 늘 두 가지 목소리가 싸우고 있습니다. 하나는 현실에 안주하여 쾌락을 즐기려는 '육체의 영혼'이고, 다른 하나는 더 높은 이상과 가치를 향해 날아오르려는 '정신의 영혼'입니다.

우리는 종종 이런 내적 모순 때문에 괴로워합니다. "나는 왜 이렇게 이중적일까?", "왜 마음이 흔들릴까?"

하지만 괴테는 말합니다. 그 갈등 자체가 바로 '인간임'의 증거라고요. 짐승은 본능대로만 살고, 신은 완전하여 갈등하지 않습니다. 오직 인간만이 땅을 딛고 서서 하늘을 동경하기에, 가슴 속에 두 영혼을 품고 살아갑니다.

내 안의 모순을 미워하거나 억지로 없애려 하지 마십시오. 그 치열한 싸움과 긴장이 당신을 짐승보다 높게, 신보다는 겸손하게 해주는 인간의 조건입니다.

욕망을 절제하는 것이

진정한 풍요다

"자신에게 명령하지 못하는 자는,
언제나 하인으로 남을 뿐이다."

Wer sich nicht selbst befiehlt,

bleibt immer Knecht.

— 시집 《온순한 크세니엔 (Zahme Xenien)》 중

이 짧은 시구는 '명령하는 자'와 '복종하는 자'의 관계를 통해 절제의 미학을 설명합니다. 괴테는 남에게 명령을 내리는 권력이 아니라, '자기 자신'에게 명령을 내릴 수 있는 능력이야말로 진정한 주인의 자격이라고 보았습니다.

우리는 흔히 하고 싶은 대로 다 하는 것을 '자유'라고 착각합니다. 하지만 식욕, 나태, 분노 같은 본능이 시키는 대로 끌려다니는 것은 자유가 아니라, 욕망이라는 주인을 모시는 '하인'의 삶일 뿐입니다.

진정한 풍요와 자유는 통제권이 나에게 있을 때 생겨납니다. "오늘은 여기까지", "이것은 내게 필요 없다"라고 스스로에게 단호히 명령할 수 있습니까? 그 명령이 통할 때, 당신은 비로소 당신 삶의 왕좌에 앉게 됩니다. 욕망을 절제하는 것은 억압이 아니라, 내가 내 삶의 주인이 되는 가장 확실한 선언입니다.

청춘의 꿈은 반드시 이루어진다
(그러나 다른 모습으로)

"우리가 젊은 시절 간절히 소원하는 것은,
나이가 들면 넘칠 정도로 우리에게 다가온다."

Was man in der Jugend wünscht,

hat man im Alter die Fülle.

— 자서전 《시와 진실 (Dichtung und Wahrheit)》 중

이 문장은 얼핏 "꿈은 이루어진다"는 희망가처럼 들리지만, 실은 인생의 인과율에 대한 서늘하고도 묵직한 통찰입니다. 핵심은 '넘침'이라는 단어의 이중성입니다.

우리는 성공이나 자유를 갈망합니다. 인생의 오후가 되면 그 소망은 반드시 응답 받습니다. 다만, 예상치 못한 압도적인 부피로 말입니다. 원했던 명성은 '무거운 책임'이 되고, 넓은 인맥은 '관계의 피로'가 되어 어깨를 짓누르기도 합니다.

오스카 와일드는 "원하는 것을 얻는 것이야말로 비극"이라 했습니다. 지금 삶이 무언가로 가득 차 버겁다면 안심하십시오. 그것은 과거의 당신이 그토록 열렬히 불렀던 대답이기 때문입니다.

자신의 삶을 부정하지 마십시오. 자신이 쏘아 올린 소망의 부메랑을 의연하게 받아 안는 것, 내가 만든 운명을 긍정하고 누리는 것이야말로 인생의 후반부를 맞는 우리의 품격입니다.

현자는 모든 것에서

기적을 본다

"인간이 도달할 수 있는
최고의 경지는 바로 '경이로움'이다.
근원적인 현상이 그를 놀라게 한다면,
그것으로 만족하라."

Das Höchste, wozu der Mensch gelangen kann,

ist das Erstaunen;

und wenn ihn das Urphänomen in Erstaunen setzt,

so sei er zufrieden.

— 《에커만과의 대화》 1829년 2월 18일

우리는 흔히 물 위를 걷거나 죽은 자가 살아나는 것 같은 초자연적인 사건만을 '기적'이라고 부릅니다. 하지만 괴테는 이 문장을 통해, 진정한 기적은 바깥세상에 있는 것이 아니라 그것을 바라보는 우리의 '눈'에 있다고 역설합니다.

어린아이들을 보십시오. 아이들은 떨어지는 낙엽, 지나가는 개미, 밤하늘의 달을 보며 탄성을 지릅니다. 그들에게는 세상 모든 것이 기적입니다. 반면 어른이 되어갈수록 우리는 모든 것을 당연하게 여기고, 시시해하며, 더 자극적인 것을 찾아 헤맵니다. 감각이 무뎌진 것입니다.

괴테가 말한 '최고의 경지'란 다시 어린아이의 눈을 회복하는 것입니다. 매일 뜨는 태양, 계절의 변화, 내 심장의 박동... 이 당연한 것들이 사실은 우주의 거대한 질서 속에서 일어나는 놀라운 기적임을 깨닫고 전율하는 것. 그 '경이로움'을 잃지 않은 사람에게 삶은 지루할 틈이 없는 축복의 연속입니다.

나이 듦은

쇠락이 아니라 성숙이다

"나이가 들면 유치해진다고들 하지만,
그렇지 않다. 나이 듦은 우리를
'진정한 아이'의 모습으로
다시 발견하게 할 뿐이다."

Das Alter macht nicht kindisch, wie man spricht,

Es findet uns nur noch als wahre Kinder.

— 희곡 《파우스트 (Faust)》 중

우리는 흔히 나이 든 사람을 보며 "늙으면 애가 된다"고 혀를 차곤 합니다. 기억력이 희미해지고, 감정 표현이 솔직해지는 것을 보며 '능력이 퇴보했다'고 여기기 때문입니다. 하지만 괴테는 이 현상을 정반대의 시각, 즉 '본질로의 회귀'로 해석했습니다.

평생 우리는 '어른'이라는 무거운 갑옷을 입고, 근엄한 척, 강한 척, 다 아는 척 연기하며 살아왔습니다. 하지만 노년이 되면 그 사회적 가면들이 하나 둘 벗겨집니다. 체면이나 눈치보다 내 감정에 충실해지고, 작은 것 하나에도 기뻐할 수 있는 순수함이 되살아납니다.

이것은 쇠락이 아니라 해방입니다. 복잡한 계산과 욕망이 사라진 자리에 남는 것은, 세상 때가 묻지 않은 '진짜 아이' 같은 영혼입니다. 그러니 나이 들어가는 부모님이나 자신의 모습을 부끄러워하지 마십시오. 그것은 무너지는 것이 아니라, 가장 순수했던 원래의 나를 되찾는 성스러운 과정입니다.

영혼에도 매일 식사가 필요하다

"사람은 매일 적어도 노래 한 곡을 듣고,
좋은 시 한 편을 읽고,
훌륭한 그림 한 점을 보고,
그리고 가능하다면
몇 마디 이치에 맞는 말을 해야 한다."

Man sollte alle Tage wenigstens ein kleines Lied hören,
ein gutes Gedicht lesen, ein treffliches Gemälde sehen und,
wenn es möglich zu machen wäre,
einige vernünftige Worte sprechen.

—소설 《빌헬름 마이스터의 수업시대》 중

우리는 몸을 위해 하루 세끼 밥을 챙겨 먹고, 건강을 위해 영양제를 삼킵니다. 하지만 정작 우리 삶을 지탱하는 '영혼'을 위해서는 하루에 무엇을 먹이고 있나요? 대부분은 자극적인 뉴스, 타인의 SNS, 의미 없는 소음들로 허기를 때우곤 합니다. 괴테는 이런 세상에서 인간의 감각이 무뎌지지 않으려면 '영혼을 위한 매일의 식단'이 필요하다고 보았습니다.

그가 처방한 식단은 거창하지 않습니다. 잠깐이라도 좋으니 아름다운 음악을 귀에 담고, 깊이 있는 문장을 눈으로 읽고, 좋은 그림이나 풍경을 바라보는 것. 그리고 누군가와 쓸모 있는 대화를 나누는 것.

이것은 사치가 아닙니다. 매일 세수하듯 마음의 먼지를 털어 내는 '생존 루틴'입니다.

오늘 당신은 영혼에게 무엇을 대접했습니까? 바쁘다는 핑계로 마음을 굶기지 마십시오. 하루 10분, 당신의 영혼에도 숨 쉴 틈을 주어야 합니다.

오늘을 사랑하라,

그것이 영원을 사는 법이다

"그때의 과거는 영원히 지속되고,
미래는 미리 앞당겨져 살아 움직이니,
이 순간이 곧 영원이다."

Dann ist Vergangenheit beständig,

Das Künftige voraus lebendig,

Der Augenblick ist Ewigkeit.

— 시 《유산 (Vermächtnis)》 중

우리는 흔히 '영원'을 죽음 이후의 시간이라 생각하지만, 괴테에게 영원은 시간의 길이가 아닌 '깊이'를 의미합니다.

이 시는 우리가 '지금 이 순간'에 온전히 몰입할 때, 과거는 단단한 뿌리가 되고 미래는 현재 속에 생생하게 살아 움직인다고 말합니다. 과거와 미래가 만나는 접점인 '지금'이야말로 우리가 닿을 수 있는 유일한 영원입니다.

행복을 유예하지 마십시오. '나중에', '은퇴하면'이라며 오늘을 흘려보내는 사람에게 내일은 영원히 오지 않습니다. 우리에게 주어진 시간은 오직 '오늘'뿐입니다.

시간의 밀도를 높여 꽉 채운 하루는 무의미하게 흘러간 100년보다 깁니다. 죽어서 천국에 가기를 막연히 기다리지 마십시오. 오늘 당신이 사랑하고, 몰입하고, 감동하는 그 짧은 찰나가 바로 당신이 누릴 수 있는 가장 확실한 천국입니다.

행복은 멀리 있는 것이 아니라 내 발치에 있다

왕이든 비천한 자든, 자신의 집에서
더없는 안락함을 찾은 자가 가장 행복하다."

Der ist am glücklichsten,
er sei ein König oder ein Geringer,
dem in seinem Hause Wohl bereitet ist.

— *희곡《타우리스의 이피게니에 (Iphigenie auf Tauris)》* 중

우리는 행복을 찾기 위해 더 높은 자리에 오르려 하고, 더 많은 수확을 거두려 애씁니다. 하지만 괴테는 행복의 조건은 **"무엇이 되었느냐가 아니라, 어디서 평안을 얻느냐에 달려 있다"**고 단언합니다.

밖에서 천하를 호령하는 왕일지라도 돌아간 집이 가시방석이라면 그는 불행한 사람입니다. 반대로 흙투성이 농부일지라도, 일을 마치고 돌아간 집에 따뜻한 온기와 웃음이 있다면 그는 왕보다 부유한 사람입니다.

행복은 화려한 궁전이나 스포트라이트 속에 있지 않습니다. 현관문을 열었을 때 풍겨오는 밥 냄새, 편안한 잠옷, 가족들의 두런거리는 소리, 혹은 혼자만의 고요한 휴식. 바로 내 발치에 있는 이 사소한 '평화'야말로 인생이 줄 수 있는 가장 위대한 선물입니다. 당신의 집은 평안합니까? 그렇다면 당신은 이미 모든 것을 가진 사람입니다.

웅크린 것은 억눌린 것이 아니라 준비하는 것이다

"단순해 보이는 씨앗 속에
생명의 힘이 잠들어 있다.

미래의 형상이 껍질 아래 웅크린 채,
자신 안에 갇혀 있다."

Einfach schlief in dem Samen die Kraft;

ein beginnendes Vorbild

Lag, verschlossen in sich,

unter die Hülle gebeugt.

—시《식물의 변형》중

씨앗을 보십시오. 겉으로는 작고 딱딱해 보이지만, 그 안에는 이미 거대한 참나무가 될 미래, 아름다운 장미가 될 형상이 '완벽한 설계도'로 잠들어 있습니다. 괴테는 이를 두고 **"껍질 아래 웅크리고 있다"**고 표현했습니다.

많은 사람이 지금 당장의 초라한 겉모습만 보고 "나는 아무것도 아니야"라며 좌절합니다. 남들보다 뒤처진 것 같아 조급해하고, 빨리 꽃을 피우지 못하는 자신을 다그칩니다. 하지만 자연의 섭리에서 '기다림'은 정지가 아니라 필수적인 '준비'입니다.

지금 현실의 껍질 속에 갇혀 웅크리고 있는 것 같나요? 그것은 억눌린 것이 아닙니다. 생명을 폭발시키기 위해 에너지를 응축하고 있는, 가장 거룩한 '잠재의 시간'입니다. 더 높이 뛰어오르기 위해 무릎을 굽히는 것처럼, 웅크림 없이는 위대한 도약도 없습니다. 당신의 계절은 반드시 옵니다.

사람은 혀 밑에 숨어 있다

"침묵하는 자는 걱정할 일이 적다.
인간은 자신의 혀 밑에 숨어 있기 때문이다."

Wer schweigt, hat wenig zu sorgen,

Der Mensch bleibt unter der Zunge verborgen.

— 시집 《서동시집 (West-östlicher Divan)》 중

[Editor's Note]

우리는 나를 알리기 위해 끊임없이 말합니다. 하지만 괴테는 역설적이게도 **"말하는 순간, 너의 본색이 드러난다"**고 경고합니다. 이 문장은 괴테가 동양의 지혜를 빌려 쓴 시구입니다. 그는 인간의 혀를 '영혼을 가리고 있는 커튼'으로 보았습니다. 입을 다물고 있을 때, 남들은 내가 얼마나 깊은 사람인지, 얼마나 어리석은 사람인지 알 수 없습니다. 나는 혀라는 커튼 뒤에 안전하게 숨어 있는 셈입니다.

하지만 입을 열어 말을 뱉는 순간, 혀가 들리며 내 내면의 바닥이 세상에 적나라하게 공개됩니다. 한번 뱉은 말은 주워 담을 수 없고, 본심은 다시 감출 수 없습니다. 그래서 말이 많은 사람은 약점을 잡히게 되어 있습니다.

불안해서 자꾸 말을 보태고 계십니까? 차라리 침묵하십시오. 입을 닫는 것은 단순히 말을 안 하는 것이 아니라, 혀 밑에 나를 숨겨 보호하는 가장 고단수의 전략입니다. 침묵보다 안전한 은신처는 없습니다.

눈에 보이는 것이
전부가 아니다

"모든 덧없는 것은
한낱 비유에 지나지 않는다."

Alles Vergängliche

Ist nur ein Gleichnis.

— 희곡 《파우스트 (Faust)》 중

1만 2천 행에 달하는 대서사시 《파우스트》의 대미를 장식하는 이 문장은, 보이는 세계 너머의 본질을 꿰뚫는 통찰을 담고 있습니다. 괴테에게 우리 눈앞에 펼쳐진 현실, 돈, 명예, 사건 사고 등은 잠시 스쳐 지나가는 '덧없는 것'에 불과했습니다.

그렇다면 이것들은 무의미할까요? 아닙니다. 괴테는 그것들이 보이지 않는 거대한 진리를 설명하기 위한 '비유'라고 말합니다. 그림자가 있다는 것은 어딘가에 빛이 있다는 증거이듯, 눈에 보이는 현상들은 보이지 않는 본질이 투영된 그림자입니다.

눈앞의 이익이나 당장의 시련에 일희일비하지 마십시오. 지혜로운 사람은 현상의 겉면만 보지 않고, 그 이면에 숨겨진 의미를 읽어냅니다. "이 일이 나에게 무엇을 가르치려 하는가?", "저 사람의 행동 뒤에 숨겨진 진심은 무엇인가?" 보이는 것이 전부가 아님을 깨달을 때, 우리는 삶을 관조할 수 있는 거대한 시야를 얻게 됩니다.

답은 언제나 눈앞에 놓여 있다

"현상 너머에 무엇이 숨어있는지
찾으려 애쓰지 마라.
그 현상 자체가 곧 가르침이다."

Man suche nur nichts hinter den Phänomenen:
sie selbst sind die Lehre.

—《격언과 성찰 (Maximen und Reflexionen)》중

우리는 종종 진리가 눈에 보이지 않는 아주 깊고 은밀한 곳에 숨겨져 있다고 믿습니다. 그래서 눈앞에 있는 현실은 '껍데기'라 무시하고, 그 뒤에 숨은 거창한 의미나 신의 섭리를 찾아 헤맵니다.

하지만 괴테는 **"숨은 그림 찾기를 멈추라"**고 조언합니다. 그에게 자연과 세상은 수수께끼가 아니었습니다. 붉게 피어난 장미, 아침에 떠오르는 태양, 당신이 오늘 겪은 구체적인 사건들... 그 생생한 '현상'들이야말로 신이 당신에게 보여주고 싶어 하는 진리의 맨얼굴이기 때문입니다.

파랑새는 집에 있고, 신은 디테일 속에 있다는 말처럼, 우리가 찾는 답은 언제나 가장 잘 보이는 곳에 놓여 있습니다.

복잡하게 해석하려 들지 마십시오. 당신의 눈앞에 펼쳐진 그 현상을 있는 그대로 직시하는 것. 그것이 가장 깊은 통찰입니다.

자연으로 돌아가라,
그곳에 답이 있다

"도망쳐라! 일어나라!
저 넓은 세상으로 나가라!
노스트라다무스가 직접 쓴
이 신비로운 책 한 권이면,
너에게 충분한 안내자가 되지 않겠느냐?"

Flieh! auf! hinaus ins weite Land!
Und dies geheimnisvolle Buch,
Von Nostradamus' eigner Hand,
Ist dir es nicht Geleit genug?

— 희곡 《파우스트 (Faust)》 중

답답한 서재에 갇혀 인생을 비관하던 파우스트가 창문을 열고 자연을 마주하며 외친 이 대사는, 현대인들에게 '가장 강력한 처방전'이 됩니다. 우리는 고민이 생기면 방구석에 틀어박혀 인터넷을 검색하거나 머리를 싸매고 눕습니다. 하지만 괴테는 소리칩니다.

"일어나라! 밖으로 나가라!"

답은 모니터 화면 속에 있지 않습니다. 답은 꽉 막힌 시멘트 벽 안에 있지 않습니다. 풀 냄새가 나는 곳, 바람이 부는 곳, 하늘이 보이는 넓은 땅으로 나가십시오. 자연은 인간이 쓴 어떤 책보다 더 지혜롭고 신비로운 '안내서'입니다.

복잡한 문제로 머리가 터질 것 같나요? 신발 끈을 묶고 밖으로 나가십시오. 숲길을 걷고 강물을 바라보는 동안, 엉켜있던 생각의 매듭은 거짓말처럼 스르르 풀릴 것입니다. 자연으로 돌아가는 것, 그것이 가장 빠르고 정확한 해결책입니다.

마지막 순간에
"더 많은 빛을!" 이라고 외칠 수 있는가

"더 많은 빛을!

Mehr Licht!

— *1832년 3월 22일, 괴테의 임종 당시의 말로 전해짐*

1832년, 괴테가 눈을 감으며 남긴 "더 많은 빛을!"이라는 유언은 깊은 전율을 줍니다. 이는 단순히 창문을 열어달라는 뜻을 넘어, 평생 진리를 탐구했던 대문호의 끝없는 지적 열망으로 해석됩니다. 육체는 소멸해가지만, 영혼은 우주의 신비를 향해 "더 보여달라"고 외친 것입니다.

대부분의 사람들은 죽음 앞에서 후회하거나 체념합니다. 하지만 괴테는 달랐습니다. 그는 끝까지 '더'를 외쳤습니다. 이는 자신의 삶을 100% 완전 연소시킨 사람만이 할 수 있는 위대한 태도입니다.

당신은 마지막 순간, 지나온 삶을 아쉬워하며 뒤를 돌아보겠습니까, 아니면 괴테처럼 앞을 향해 빛을 구하겠습니까? 죽음마저 압도하는 그 강렬한 열정으로 오늘을 사십시오. 그래야 우리는 마지막 순간에 비로소 미소 지을 수 있습니다.

인생이라는 책을 덮으며,

나는 감사하노라

"너희 행복한 두 눈아,
너희가 세상에서 무엇을 보았든,
그 일이 어떠했든 간에,
그래도 모든 것이 참으로 아름다웠노라!"

Ihr glücklichen Augen,

Was je ihr gesehn,

Es sei, wie es wolle,

Es war doch so schön!

— 희곡 《파우스트 (Faust)》 중

괴테가 60년에 걸쳐 집필한 대작 《파우스트》, 그 긴 여정의 끝자락에서 그는 이 짧은 노래를 통해 자신의 인생을 요약했습니다. 그의 삶에도 전쟁과 실연 그리고 자식 잃은 슬픔이 있었습니다. 하지만 망대 위에 서서 지나간 모든 날들을 내려다보며 그는 고백합니다. **"그래도 참 아름다웠다"**라고 말입니다.

단순한 낙관이 아닙니다. 고통과 슬픔, 기쁨과 환희, 그 모든 희로애락을 있는 그대로 받아들이고 껴안은 자만이 할 수 있는 '위대한 긍정'이자 '깊은 감사'입니다.

이제 우리도 이 책을 덮을 시간입니다. 당신의 인생이라는 책에도 분명 얼룩진 페이지가 있고, 찢어진 페이지가 있을 것입니다. 하지만 훗날 당신이 삶의 마지막 페이지를 덮는 순간, 당신의 입술에서도 이 고백이 흘러나오기를 간절히 소망합니다.

"힘들고, 아팠지만, 그래도 내 삶은 참으로 아름다웠노라."

"생각하는 것은 쉽고 행동하는 것은 어렵다.'

하지만 생각한 대로 행동하는 것은

세상에서 가장 불편하고 어려운 일이다."

소설《빌헬름 마이스터의 수업시대 》

서두름 없이, 그러나 쉼 없이
초역, 괴테의 문장들

초판 1쇄 발행 2026년 2월 14일

원저자   요한 볼프강 폰 괴테
편역   민유하
발행인   박용범
펴낸곳   리프레시

출판등록 제 2015-000024호 (2015년 11월 19일)
주소   경기 의정부시 평화로 471, 418호
전화   031-876-9574
팩스   031-879-9574
이메일   mydtp@naver.com

편집책임 박용범
디자인   리프레시 디자인팀
마케팅   JH커뮤니케이션

ISBN 979-11-995317-6-5 (03190)